Lehrerband

Cicero
Rhetorik in Rom

Verfasst von
Sylvia Kolwe

SCRIPTA LATINA

Herausgegeben von Jörgen Vogel, Benedikt van Vugt und Theodor van Vugt

Schöningh

Best.-Nr. 010919 9

Umschlaggestaltung: Anna Braungart

Website: www.schoeningh.de
E-Mail: info@schoeningh.de

© 2004 Schöningh Verlag
im Westermann Schulbuchverlag GmbH
Jühenplatz 1–3, D-33098 Paderborn

Alle Rechte vorbehalten. Dieses Werk sowie einzelne Teile desselben sind urheberrechtlich geschützt. Jede Verwertung in anderen als den gesetzlich zugelassenen Fällen ist ohne vorherige schriftliche Zustimmung des Verlages nicht zulässig.

Druck: AZ Druck und Datentechnik GmbH, 87437 Kempten/Allgäu

Druck 5 4 3 2 1   Jahr 08 07 06 05 04

ISBN 3-14-010919-9

Dieses Werk folgt der reformierten Rechtschreibung und Zeichensetzung. Ausnahmen bilden Texte, bei denen künstlerische, philologische oder lizenzrechtliche Gründe einer Änderung entgegenstehen.

Inhaltsverzeichnis

Dieser Lehrerband beinhaltet Hinweise bzw. Erläuterungen zu den Arbeitsaufträgen und Fragen der zugehörigen Textausgabe und folgt der dortigen Gliederung und Nummerierung.

Texte zur Rhetorik in Rom
- T1: Die Anfänge der Rhetorik in Griechenland (Cic. Brutus 26) 4
- T2: Die politischen Voraussetzungen für das Entstehen der Rhetorik (Cic. Brutus 45–46) 4
- T3: Die Grabrede des Q. Caecilius Metellus (Plin. nat. hist. 7,139–140) ... 5
- T4: Der Senatsbeschluss gegen die römische Philosophengesandtschaft (Sueton de grammaticis et rhetoribus 25, 1–2) 7
- T5: Der Widerstand Catos gegen die griechische Bildung (Plin. nat. hist. 29,7) 8
- T6: Der Nutzen der Rhetorik (Cic. de inventione 1,1) 9
- T7: Die Vorzüge der Rhetorik (Cic. de oratore 1,30–32) 10
- T8: Die Aufgaben eines Redners (Ad Her. 1,3) 11
- T9: Quattuor genera causarum (Ad Her. 1,5) 12
- T10: Die drei Arten der Rede (Ad Her. 1,2) 12
- T11: Umfassende Bildung als Voraussetzung für einen guten Redner (Cic. de oratore 1,17–18a) 12
- T12: (Cic. orator 117–120) 12
- T13: Ciceros Ausbildung zum Redner (Tacitus dial. 30,3) 15

M. Tulli Ciceronis in M. Antonium oratio Philippica quarta
- §1: Die Gunst der Stunde 17
- §2: Antonius ist ein Staatsfeind 19
- §3: Caesars Verdienste um den Staat 20
- §4: Caesars Handeln rettet das römische Volk vor der Vernichtung 21
- §5: Auch die Marslegion erklärt Antonius zum Staatsfeind 23
- §6: Das Verhalten der Legionen beweist: Antonius ist ein Staatsfeind 24
- §7: Wer den Erhalt der Freiheit des Staates will, stimmt mit D. Brutus überein 25
- §8: Das Urteil des D. Brutus 25
- §9: Das Verhalten der Provinz Gallien gegenüber Antonius 28
- §10: Der Erhalt der Republik ist Götterwille 29
- §11: Das römische Volk muss jetzt standhaft bleiben 30
- §12: Es geht um Leben oder Tod 31
- §13: Der Einfluss der virtus auf das Urteil des Volkes 32
- §14: Was den Staatsfeind Antonius von bisherigen Feinden unterscheidet .. 33
- §15: Antonius im Vergleich zu Catilina 33
- §16: Ciceros selbstloser Einsatz für die Freiheit des römischen Volkes 34
- Zu den Arbeitsaufträgen und Fragen zur Gesamtrede 36
- Zu den Arbeitsaufträgen und Fragen zu den Begleittexten 37

Anregungen 42

Hinweise zu einzelnen Abbildungen 43

Texte zur Rhetorik in Rom

T1: Die Anfänge der Rhetorik in Griechenland

1 Testis est Graecia,
    quae,
        cum eloquentiae studio sit incensa
        iamdiuque excellat in ea
        praestetque celeris,
    tamen omnis artis vetustiores habet
    et multo ante non inventas solum, sed etiam perfectas,
        quam haec est a Graecis elaborata dicendi vis atque copia.

2 Die Konjunktive excellat und praestet stehen in einem Konzessivsatz (cum concessivum).

3

Die Rhetorik wurde in Griechenland entwickelt.	Testis est Graecia, quae ... iamdiu(que) excellat in ea praestetque ceteris
Auch in Griechenland kam die Rhetorik erst spät auf.	tamen omnis artes vetustiores habet et multo ante non inventas solum, sed etiam perfectas
Athen nimmt in Bezug auf die Rhetorik eine Vorreiterstellung ein.	in urbe primum se orator extulit primumque etiam monumentis et litteris oratio est coepta mandari.

T2: Die politischen Voraussetzungen für das Entstehen der Rhetorik

1 Itaque ait Aristoteles,
    cum sublatis in Sicilia tyrannis res privatae longo intervallo
        iudiciis repeterentur,
  tum primum,
    quod esset acuta illa gens et controversiae nata,
artem et praecepta Siculos Coracem et Tisiam conscripsisse (...).

2 Laut Cicero ist die freie Rede nur möglich
– in einem schon bestehenden Staat, (nec enim in constituentibus rem publicam; Z. 2–3; iam bene constitutae civitatis quasi alumna quaedam eloquentia; Z. 6–7).

- unter friedlichen Bedingungen (nec in bella gerentibus; Z. 3; pacis est comes otique socia eloquentia; Z. 5–6).
- in einem Staat, der nicht von einem Alleinherrscher regiert wird (nec in impeditis ac regum dominatione devinctis nasci cupiditas dicendi solet, Z. 3–5; sublatis in Sicilia tyrannis; Z. 7–11).

3 Die cupiditas dicendi wird durch fehlende/mangelnde Staatsstruktur, Krieg und Gewaltherrschaft gefährdet.

T3: Die Grabrede des Q. Caecilius Metellus

1 Die Häufung der Superlative unterstreicht die großartigen Verdienste des Caecilius Metellus. Sein Sohn macht die Grabrede für seinen Vater gleichsam zu einer Lobeshymne.

Positiv	Komparativ	Superlativ
	superioribus	supremis
magnas	maiores	maximas
bonum	meliorem	optimum
fortem	fortiorem	fortissimum
magnas	maiores	maximas
magno	maiore	maximo
	superiore	summa
	superiorem	summum
clarum	clariorem	clarissimum

2 Attributives Gerundivum in Abhängigkeit von der Präposition in.

3 Ablativus qualitatis.

4 voluisse enim – primarium bellatorem esse,
– optimum oratorem (esse),
– fortissimum imperatorem (esse),
– auspicio suo maximas res geri,
– maximo honore uti,
– summa sapientia esse,
– summum senatorem haberi,
– pecuniam magnam bono modo invenire,
– multos liberos relinquere
et
– clarissimum in civitate esse

5 a) Auch der Sohn spricht hier nur Gutes über seinen verstorbenen Vater, indem er über ihn sagt, er habe die zehn Eigenschaften, nach denen ein Weiser lebenslang strebt, in sich vereint (scriptum reliquit decem maximas res optimasque, in quibus quaerendis sapientes aetatem exigerent, consummasse eum). Diese werden im folgenden explizit genannt.

b) Zu der Frage, welche Gültigkeit der Spruch heutzutage hat, kann es Schüler geben, die spontan zustimmen und dies damit erklären, dass sich ein Toter schließlich nicht gegen Anfeindungen wehren kann.
Andere werden widersprechen, indem sie darauf hinweisen, dass jemand zu Lebzeiten anderen Menschen unverzeihbares Leid zugefügt hat, sodass man über einen solchen Toten nichts oder nicht nur Gutes sagen kann.
Es könnte auch unterschieden werden, ob es sich um „offizielle" Grabreden, Nachrufe o.Ä. handelt oder „inoffizielle" Beurteilungen. Es wird sich herausstellen, dass die Bewertungen stark von dem jeweiligen Redeanlass abhängen.

6 Erstens ist Ennius als bedeutendster Dichter der römischen Frühzeit jedem Römer ein Begriff und als Autorität derart akzeptiert, dass Ciceros Aussage schon deshalb nicht in Frage gestellt werden dürfte.
Zweitens hat Ennius den Marcus Cornelius Cethegus selbst gehört (ipse eum audiverit), d.h. er hat sich selbst von dessen rednerischer Qualität überzeugt, bevor er zu einem Urteil gekommen ist.
Und drittens schließlich hat Ennius erst *nach* dem Tod des Cethegus über diesen geschrieben (scribat de mortuo). Diese Tatsache führt Cicero als Beweis dafür an, dass das positive Urteil nicht ein Freundschaftsdienst gewesen sein kann.
Cicero zieht also den Schluss, dass Ennius über die rhetorischen Leistungen des Toten ja auch hätte schlecht reden können, ohne die Freundschaft, die zu seinen Lebzeiten zwischen ihnen bestanden hat, zu gefährden. Über einen Toten hätte er ja auch schlecht reden können.
Diese Haltung steht im Widerspruch zu dem Ausspruch De mortuis nihil nisi bene, der als generell gültig anzusehen ist. Cicero hingegen klammert (zumindest) einen Teilbereich aus, nämlich die rednerischen Qualitäten, die ein Verstorbener hatte.

7 Für die Schüler wurde der umgeschriebene altlateinische Text der Inschrift abgedruckt. Der ursprüngliche altlateinische Text lautet:

Deckel:
L CORNELIO CN F SCIPIO

Kasten:
CORNELIVS LVCIVS SCIPIO BARBATVS
GNAIVOD PATRE / PROGNATVVS FORTIS VIR SAPIENSQVE
QVOIVS FORMA VIRTVTEI PARISVMA / FVIT
CONSOL CENSOR AIDILIS QVEI FVIT APVD VOS
TAVRASIA CISAVNA / SAMNIO CEPIT
SVBIGIT OMNE LOVCANAM OPSIDESQVE ABDOVCIT

Der Senatsbeschluss gegen die griechische Philosophengesandtschaft   **7**

a) Deckel: Name (abgekürzt) und Abstammung väterlicherseits
Kasten: vollständiger Name (Cornelius Lucius Scipio Barbatus), Abstammung väterlicherseits (Gnaeo patre prognatus), Charakter (fortis vir sapiensque cuius forma virtuti parissima fuit) (Aussehen wird nur scheinbar in Bezug auf den Charakter angedeutet), Ämter (consul, censor, aedilis qui fuit apud vos), militärische Erfolge (Taurasiam, Cisaunam in Samnio cepit, subigit omnem Lucaniam obsidesque abducit).

b) In der Regel enthalten die heute üblichen Inschriften die Lebensdaten des Verstorbenen, die in dieser alten Inschrift fehlen. Andererseits findet man in modernen Inschriften normalerweise keine Hinweise auf Charakter, Verdienste o.Ä. (Ausnahmen könnte die Erwähnung besonderer Funktionen sein, z.B. Bürgermeister). Darüber hinaus ist es regional und kulturell unterschiedlich, welche weiteren Angaben sich heute auf einem Grabmal befinden (Fotografie, Bibelspruch o.Ä.).

T4: Der Senatsbeschluss gegen die griechische Philosophengesandtschaft

[1] Die griechischen Rhetoriklehrer wurden 161 v. Chr. aus Rom per Senatsbeschluss ausgewiesen.
92 v. Chr. kam es durch das zensorische Edikt zum Verbot der rhetores Latini.

[2] Der Prätor M. Pomponius glaubt, dass die Ausweisung der griechischen Rhetoriklehrer im öffentlichen Interesse sei und ergreift daher die Initiative (ut M. Pomponius praetor animadverteret curaretque, uti ei e re publica fideque sua videretur; Z. 6f.).
Als Gründe gegen das Erlernen der Rhetorik werden genannt: Junge Männer faulenzen in den Rhetorikschulen (ibi homines adolescentulos dies totos desidere; Z. 11f.).
Die Rhetorikschulen widersprechen den Sitten der Vorfahren und sind deshalb schlecht (Haec nova, quae praeter consuetudinem ac morem maiorum fiunt, neque placent neque recta videntur; Z. 13f.).

[3] Diese Aufgabenstellung zielt darauf ab, eine Diskussion darüber zu führen, inwieweit Rhetorik als Mittel der Manipulation missbraucht werden kann. Es könnten Beispiele aus der Geschichte (z.B. Nationalsozialismus) sowie aus dem täglichen Erfahrungsbereich der Schüler (z.B. Werbung, Verkaufsgespräche o.Ä.) herangezogen werden.

[4] Während sich der Senatsbeschluss von 162 v. Chr. und das Edikt von 92 v. Chr. noch mit dem Argwohn gegenüber „Neuem" im weitesten Sinne erklären lässt, setzt Domitian hier sein persönliches Interesse durch.

Ihm war vor allem die stoische Philosophie verhasst, sodass er 93 n. Chr. die Ausweisung zahlreicher Philosophen anordnete, darunter die berühmten Stoiker Epiktet und Dion Chrysostomus. Der Kaiser sah seine Herrschaft von den Lehren der Philosophen bedroht; ihre Forderung nach individueller Freiheit war gegen den Prinzipat gerichtet.

Dies widersprach Domitians autokratischer Haltung, der sich als erster Kaiser sogar dominus et deus nennen ließ.

Domitian hatte den Einfluss des Senats systematisch und auf pragmatische Weise zurückgedrängt: Wer sich der Meinung Domitians anschloss, wurde befördert: Anderenfalls lief man Gefahr, sich den Zorn des Kaisers zuzuziehen.

T5: Der Widerstand Catos gegen die griechische Bildung

[1] Gemeint sind hier die Griechen. Es liegt hier eine constructio ad sensum vor, da im Satz zuvor ista gens (Z. 3f.) das Subjekt ist.

[2] Cato selbst hält das griechische Volk für unzuverlässig (nequissimum et indocile genus; Z. 2f.). Er führt als „Beweis" die Aussage irgendeines Wahrsagers an, der hinter der Verbreitung der griechischen Wissenschaften das Ziel der Vernichtung (ista gens suas litteras dabit, omnia conrumpet, Z. 3f.) sieht. Derselbe (unbekannte) Wahrsager führt die griechischen Ärzte an, die mit ihrer Medizin die Tötung aller Barbaren, zu denen sie auch die Römer zählten, vorhätten. Um ihr Vorhaben zu verschleiern, böten die griechischen Ärzte ihre Dienste gegen Bezahlung an (iurarunt inter se barbaros necare omnes medicina, sed hoc ipsum mercede faciunt, ut fides iis sit et facile disperdant; Z. 5f.).

Allein die Tatsache, dass es sich um die Äußerung eines Wahrsagers handelt, ist für Cato ein ausreichender Grund, sich gegen die griechischen Wissenschaften zu stellen.

[3] Da die Osker sowohl Griechisch als auch Lateinisch sprachen, ist zu folgern, dass sich Catos Abneigung auch gegen die griechische Sprache richtet.

T6: Der Nutzen der Rhetorik

1

Positiv	Komparativ	Superlativ
	superius	summum
magnarum	maiorum	maximarum
parvam	minorem	minimam
disertos	disertiores	disertissimos
multa	plura	plurima
firmas	firmiores	firmissimas
sanctas	sanctiores	sanctissimas
rectis	rectioribus	rectissimis
honestis	honestioribus	honestissimis
utilis	utilior	utilissimus
amicus	amicior	amicissimus
honestis	honestioribus	honestissimis
bonis	melioribus	optimis

2 Z. 1 mecum: Präposition mit abl. sociativus
Z. 2 cum ... considero et ... colligo: cum iterativum
Z. 5 cum ... repetere instituo: cum iterativum
Z. 8 cum ratione ... tum eloquentia: korrespondierende Konjunktion

3 Der Konjunktiv attulerit steht wegen des indirekten Fragesatzes. Der Konjunktiv possit erklärt sich durch den konsekutiven ut-Satz.

4 Quare
    si quis omissis rectissimis atque honestissimis studiis rationis et officii consumit
      omnem operam in exercitatione dicendi,
is inutilis sibi, perniciosus patriae civis alitur;
    qui vero ita sese armat eloquentia,
        ut non oppugnare commoda patriae,
        sed pro his propugnare possit,
is mihi vir et suis et publicis rationibus utilissimus atque amicissimus civis fore videtur.

5 Eine mögliche Gliederung:
Z. 1–2:   Fragestellung: Ist die Redekunst nützlich oder schädlich?
Z. 2–5:   Nachteile der Redekunst

Z. 5–9: Vorteile der Redekunst
Z. 9–16: Antwort: Redekunst ist nur in Verbindung mit Weisheit nützlich
Z. 17–20: Die beste Absicht als ursprüngliche Motivation eines Redners

6 Die Beredsamkeit
- kann erlernt sein und stellt somit ein handwerkliches Können dar (ars)
- kann durch ein besonderes Interesse hervorgerufen werden (studium)
- kann geübt werden (exercitatio)
- kann ein natürliches Talent sein (facultas a natura profecta)

7 natürliches Talent

8 Ein orator perfectus muss über beides verfügen (neque enim consummatus orator nisi ex utroque fieri potest; Z. 4–6; natura etiam sine doctrina multum valebit, doctrina nulla esse sine natura poterit; Z. 10–13), wobei im Zweifelsfall die natura überwiegt (consummatos autem plus doctrinae debere quam naturae putabo; Z. 16–18).

T7: Die Vorzüge der Rhetorik

1 Es handelt sich in beiden Fällen um indirekte Fragesätze.

2 Ablativus separativus.

3 Der Abschnitt besteht aus drei rhetorischen Fragen. Dadurch hebt Cicero einerseits die Vorzüge der Redekunst hervor, andererseits schließt er durch die Verwendung der rhetorischen Fragen jeglichen Widerspruch von vornherein aus.
Die Anapher aut tam ... aut tam ... aut tam (Z. 5–8) gibt eine klare, einprägsame Strukturierung vor: Die Vorzüge der Redekunst ergeben sich für den Redner selbst, die Zuhörer sowie für die Wirkung der Rede auf das Auditorium.
Die Einzigartigkeit des geschulten Redners im Gegensatz zur breiten Masse der „Naturtalente" betont Cicero in Z. 6 durch die Antithese omnibus ... solus.
Die Alliterationen sapientibus sententiis (Z. 7–8) und ornata oratio (Z. 8) untermalen auch klanglich auf einprägsame Weise die Bedeutung der Redekunst und unterstreichen zugleich, dass Inhalt und Form bei einer guten Rede in Einklang zu bringen sind.
Dass neben die natürliche Begabung (natura; Z. 6) auch ein künstlerisches Geschick treten muss, macht das Hendiadyoin ornata oratio polita (Z. 8) deut-

Die Aufgaben eines Redners

lich. Durch das sich unmittelbar daran anschließende Hendiadyoin *potens ... magnificum* (Z. 8–9) bringt Cicero die Macht, die eine solche Rede auszuüben vermag, zum Ausdruck.
Diese Macht der Rede wird im Folgenden durch die parallel angeordnete, asyndetische Aufzählung *populi motus, iudicum religiones, senatus gravitatem* (Z. 9–10) veranschaulicht. Die Aufzählung enthält eine Klimax, die deutlich macht, dass die Rede auf jedermann, angefangen bei dem einfachen Volk, bis hin zu den einflussreichsten Personen wirkt.

[4] Man kann Menschen in seinen Bann ziehen, deren Wohlwollen erhalten, sie dazu bringen, einer Sache zuzustimmen oder von ihr Abstand zu nehmen (*posse dicendo tenere hominum mentis, adlicere voluntates, impellere quo velit, unde autem velit deducere;* Z. 1–3).

[5] Benannt werden Volk, Richter, Senat (*populi motus, iudicum religiones, senatus gravitatem;* Z. 9f.).

[6] In den Zeilen 11–14 werden verschiedene Redeanlässe genannt. Dabei werden in Z. 11–13 Situationen aufgezählt, in denen sich ein Redner *für* das Wohl von Menschen einsetzt: *... opem ferre supplicibus, excitare adflictos, dare salutem, liberare periculis, retinere homines in civitate.*
In Z. 13f. dagegen werden Situationen geschildert, in denen die Rede dazu dient, sich *gegen* andere auszusprechen: *... possis vel provocare integer vel te ulcisci lacessitus.*

T8: Die Aufgaben eines Redners

[1] Z. 1: oporteat: indirekter Fragesatz
Z. 2: conveniat: indirekter Fragesatz
Z. 8: sit collocandum: indirekter Fragesatz
Z. 16: valeamus: konsekutiver ut-Satz

[2] Z. 8: (quid sit) collocandum: prädikatives Gerundivum
Z. 14: (viam rationemque) dicendi: Gerundium
Z. 15f.: in dicendo: Gerundium
Z. 16: (usus consuetudoque) dicendi: Gerundium

[3] Die Aufgaben eines Redners bestehen in der *Stoffauffindung*, der *Gliederung* des Stoffes, der *stilistischen Gestaltung*, dem *Auswendiglernen* und dem eigentlichen *Vortrag* (*Oportet igitur esse in oratore inventionem, dispositionem, elocutionem, memoriam, pronuntiationem;* Z. 3f.).

T9: Quattuor genera causarum

1 Eine Rede *für* einen tapferen Mann und eine Rede *gegen* einen Vatermörder (pro viro forti, contra parricidam; Z. 4).

2 Eine Rede *gegen* einen tapferen Mann und eine Rede *für* einen Vatermörder.

T10: Die drei Arten der Rede

Vervollständigen Sie die Tabelle:

Genera causarum	Arten der Rede	Dazugehörige Redetypen
demonstrativum	Gelegenheitsrede (Festrede)	– Lobrede – Schmährede – Festrede – Leichenrede – Feldherrenrede – Vortrag
deliberativum	Politische Rede (Staatsrede)	– Volksrede (suasio/dissuasio) – Senatsrede (suasio/dissuasio)
iudiciale	Gerichtsrede	Plädoyers: – Anklage – Verteidigung

T11–12: Umfassende Bildung als Voraussetzung für einen guten Redner

1

Gerundivum	prädikatives Gerundivum	attributives Gerundivum
vis ratioque dicendi (Z. 5)	scientia comprehendenda est (Z. 1)	mentibus aut sedandis aut excitandis (Z. 5f.)

Gerundivum	prädikatives Gerundivum	attributives Gerundivum
brevitas respondendi et lacessendi (Z. 7)	volubilitas inridenda est (Z. 2)	
	oratio conformanda est (Z. 2)	
	omnes motus pernoscendi sunt (Z. 3f.)	
	omnis vis ratioque expromenda est (Z. 6)	
	omnis antiquitas tenenda est (Z. 8f.)	
	scientia legum ac iuris civilis non neglegenda est (Z. 9)	

2 Est enim et scientia comprehendenda rerum plurimarum,
        sine qua verborum volubilitas inanis atque inridenda est,
et ipsa oratio conformanda non solum electione, sed etiam constructione
                                            verborum,
et omnes animorum motus,
        quos hominum generi rerum natura tribuit,
penitus pernoscendi (sunt),
        quod omnis vis ratioque dicendi in eorum,
        qui audiunt,
        mentibus aut sedandis aut excitandis expromenda est.

3 Z. 2: presse, anguste
Z. 3: explanatius, uberius
Z. 4: accomodatius
Z. 13: ieiunius
Z. 14: graviter, ample, copiose
Z. 21: excelsius, magnificentius
Z. 26: maxime

4 Z. 2 possit: konsekutiver ut-Satz; faciat: Iussiv
Z. 6 praetermittatur / redundet: konsekutiver ut-Satz
Z. 7 faciat: indirekter Fragesatz
Z. 9 instructus sit / habeat: Iussiv
Z. 17f. habeat / cogitet: abhängiger Begehrsatz ohne Konjunktion ut;
        dicat: indirekter Fragesatz
Z. 19 sit: Finalsatz
Z. 22 ignoret: abhängiger Begehrsatz
Z. 23 teneat: Iussiv

Z. 24 sis: Konzessivsatz
Z. 26 cognoscat: Iussiv
Z. 29 praetermitteret: Konzessivsatz
Z. 31 natus sis: Temporalsatz; acciderit: indirekter Fragesatz

5 a.c.i. in der relativen Verschränkung. Mögliche Übersetzungen:
- ..., von dem wir wünschen ...
- ..., wie wir wünschen ...
- nach unserem Wunsch / unserem Wunsch entsprechend ...

6 T11: Geschichte, Präzedenzfälle, Recht (Gesetze allgemein; insbesondere das bürgerliche Recht) (tenenda praeterea est omnis antiquitas exemplorumque vis neque legum ac iuris civilis scientia neglegenda est; T11, Z. 8–10).
T12: Philosophie allgemein (habeat omnes philosophiae notos et tractatos locos; Z. 9f.), Naturphilosophie (ne physicorum quidem esse ignarum volo; Z. 19f.), Recht (Gesetze allgemein; insbesondere das bürgerliche Recht) (Quid est enim turpius ... cum sis legum et civilis iuris ignarus?; Z. 23–25), Geschichte (Cognoscat etiam rerum gestarum et memoriae veteris ordinem; Z. 26).
Die Schüler werden sicherlich vollkommen unterschiedliche Wissensgebiete nennen, die ein guter Redner darüber hinaus beherrschen sollte.
Als Ergebnis könnte festgehalten werden: Eine möglichst breit gefächerte, umfassende Bildung eines Redners stellt die Voraussetzung dafür dar, dass er zu unterschiedlichen Anlässen und Themen gute Reden zustande bringt.

7 Er muss die Gemüter (animorum motus) der Zuhörer ansprechen, indem er sie entweder besänftigt oder erregt (... omnis vis ratioque dicendi in eorum, qui audiunt, mentibus aut sedandis aut excitandis expromenda est; T11, Z. 4–6).
Das Ziel des Redners wird es in jedem Fall sein, die Zuhörer von seiner Sache zu überzeugen.
Dies gelingt ihm am besten, indem er bewusst geeignete rhetorische Mittel und Stilmittel einsetzt (accedat eodem oportet lepos quidam facetiaeque et eruditio libero digna celeritasque et brevitas et respondendi et lacessendi subtili venustate atque urbanitate coniuncta; T11, Z. 6–8).

8 Ohne philosophische Bildung ließen sich sehr viele Themen überhaupt nicht behandeln (Nihil enim de religione, nihil de more, nihil de pietate, nihil de caritate patriae, nihil de bonis rebus aut malis, nihil de virtutibus aut vitiis, nihil de officio, nihil de dolore, nihil de voluptate, nihil de perturbationibus animi et erroribus; T12, Z. 10–13).

9 Die Zuhörer hören gerne zu; ihre Aufmerksamkeit wird erhöht; die Glaubwürdigkeit des Gesagten wird unterstrichen (Nam qui libenter audiunt, et magis adtendunt et facilius credunt; Z. 3f.).

T13: Ciceros Ausbildung zum Redner

1 Bei den führenden Schichten Roms, an deren erster Stelle die Nobilität stand, war nach dem Erlernen von Lesen und Schreiben eine Grundbildung in Grammatik, Stilistik und Rhetorik üblich. Ursprünglich wurde der Unterricht ausschließlich in griechischer Sprache gehalten. Die Adeligen legten großen Wert darauf, das Griechische ebenso gut zu beherrschen wie die Muttersprache.
Unabhängig von ihrem vorausgegangenen Bildungsweg hatten Angehörige der Nobilität das Vorrecht, Staatsämter zu bekleiden. Wer als homo novus Eingang zum cursus honorum finden wollte, musste sich durch ganz besondere Leistungen hervortun.
Solch ein homo novus war der ehrgeizige Cicero, der sich durch seine ausgezeichneten rhetorischen Fähigkeiten als Anwalt in Rom einen Namen machte. Auch darüber hinaus war Cicero sehr vielseitig gebildet.
Dies zeigt sich daran, dass er sich mit allen Wissenschaften befasste (ut omnem omnium artium varietatem complecteretur; Z. 7). Dass Cicero um umfassende Bildung äußerst bemüht war, beweist auch die Tatsache, dass er dafür weite Reisen in Kauf genommen hat (Achaiam quoque et Asiam peragrasse; Z. 6f.). Außerdem wählte Cicero seine Lehrer sehr sorgfältig aus. Ihm genügten die in Rom ansässigen nicht (neque iis doctoribus contentum, quorum ei copia in urbe contigerat; Z. 5f.).
Während das Studium der Philosophie in der Nobilität eine untergeordnete Rolle spielte, sah Cicero die Verbindung von Philosophie und Rhetorik als unbedingt notwendig an.
So legte Cicero großen Wert auf eine umfangreiche philosophische Ausbildung. Dies zeigt sich daran, dass er sich mit unterschiedlichen philosophischen Schulen auseinander setzte (apud Philonem Academicum, apud Diodotum Stoicum omnes philosophiae partes penitus hausisse; Z. 4f.).

2

Gemeinsamkeiten	Textbeleg
Die Gemeinsamkeiten beziehen sich auf die Stoffauffindung (inventio)	
Aufbau, Gliederung, Beweisführung	consilium, ordinem dividendi, praeparandi, probandi rationem, omnia denique quae sunt inventionis (Z. 14–16)

Unterschiede		Textbeleg
Die Unterschiede beziehen sich auf den Ausdruck (elocutio)		
Demosthenes	**Cicero**	
straff	wortgewaltig	densior ille, hic copiosior (Z. 19)
kurze Satzperioden	lange Satzperioden	ille concludit adstrictius, hic latius (Z. 19/20)
vorsichtig, zurückhaltend	deutlich, klar, evtl. sogar polemisch: *pugnat*, Z. 20	Die Übersetzung des Bildes ist sehr frei. Um zu einer angemessenen Deutung zu kommen, ist eine genauere Auseinandersetzung mit der lateinischen Textstelle ratsam. pugnat ille acumine semper, hic frequenter et pondere (Z. 20–22)
auf das Notwendigste begrenzt	ausschweifend	illic nihil detrahi potest, hic nihil adici (Z. 22/23)
rein sachliche Darstellung überwiegt	lebhaftes Naturell fließt in Darstellung ein	curae plus in illo, in hoc naturae (Z. 23/24)

M. Tulli Ciceronis in M. Antonium oratio Philippica quarta

§1: Die Gunst der Stunde

1 Subjekte: frequentia incredibilis/contio tanta
Prädikat: adfert
Dativobjekt: mihi
Akkusativobjekte: alacritatem/spem

2 attributives Gerundivum

3

Genitiv	syntaktische und semantische Funktion
frequentia vestrum	Attribut (genitivus partitivus)
alacritatem defendendae rei publicae	Attribut (genitivus obiectivus)
spem recuperandae (rei publicae)	Attribut (genitivus obiectivus)
aliquid lucis	Attribut (genitivus partitivus)
princeps vestrae libertatis defendendae	Attribut (genitivus obiectivus)
fundamenta reliquarum actionum	Attribut (genitivus obiectivus)

4 Die Zuhörer fühlen sich geschmeichelt, wenn Cicero sie für ihr zahlreiches Erscheinen lobt. Mit dieser Captatio Benevolentiae (Z. 1f.) sichert sich Cicero am Anfang seiner Rede die Gunst der Zuhörerschaft und schafft damit von vornherein die Atmosphäre, die er benötigt, um allgemeine Zustimmung zu seiner weiteren Argumentation zu erhalten. Durch die Interjektion Quirites (Z. 1 u. Z. 6) appelliert Cicero zunächst an die Zuhörer, sich ihrer Verantwortung als römische Bürger für den Staat bewusst zu sein. Das Hendiadyoin frequentia contioque (Z. 1) unterstreicht das Lob, mit dem Cicero die in der Volksversammlung erschienenen Römer empfängt. Die Verwendung der Ausdrücke frequentia incredibilis und contio tanta, quantam meminisse non videor stellt eine Hyperbel dar, die die Captatio Benevolentiae verstärkt. Der Parallelismus et alacritatem ... defendendae ... et spem recuperandae (S. 1) veranschaulicht einerseits Ciceros Einsatzbereitschaft für den Staat und suggeriert den Zuhörern andererseits die akute Bedrohung der res publica durch Antonius.

[5] Durch den Parallelismus et alacritatem ... defendendae ... et spem recuperandae (Z. 2f.) verdeutlicht Cicero zunächst seine Bereitschaft (animus), sich für den Staat einzusetzen. Dass diese Bereitschaft immer bestanden hat, sagt er in Z. 3f., und rechtfertigt seine Handlungsunfähigkeit mit den tempora. Das Polyptoton defuit ... defuerunt untermalt die Klärung dieses vermeintlichen Widerspruchs. Die im folgenden Satz verwendete Metapher aliquid lucis (Z. 4) macht die Rechtfertigung um so glaubhafter, indem die tempora dadurch als dunkel, also ungeeignet charakterisiert werden. Seine Handlungsunfähigkeit einerseits und seine Bereitschaft andererseits macht Cicero durch die parallel verwendete Antithese ante facere conatus essem ... nunc facere non possem (Z. 5f.) nochmals deutlich.

[6] Cicero verwendet die Begriffe res publica und libertas synonym. Für ihn bedeutet der Erhalt der Republik zugleich die Wahrung der Freiheit des römischen Volkes.
Während er in Satz 1 das Verb defendere in direkte Verbindung zu res publica setzt (defendendae rei publicae) und somit die Verteidigung des Staates als sein Ziel angibt, benutzt er dasselbe Verb in Satz 2, um den Zuhörern zu verdeutlichen, dass er sich für den Erhalt ihrer Freiheit einsetzt.

[7] Cicero stellt Antonius schon jetzt als vom Senat verurteilten Staatsfeind dar. Der Ausdruck ne mediocrem rem actam arbitremini (Z. 6f.) ist eine Parenthese, die zugleich eine Litotes enthält. Damit hebt Cicero hervor, welche Bedeutung einer Zustimmung durch die Zuhörer zukommt. Durch den Gebrauch der Metapher fundamenta iacta sunt (Z. 7) unterstreicht Cicero unmittelbar nach dem Einschub die Bedeutung dieses Tages, an dem der Senat signalisiert habe, in Antonius ebenfalls einen nach Macht strebenden Staatsfeind zu sehen. Das Polyptoton actam ... actionum (Z. 7) unterstreicht dies. In der Antithese verbo ... re (Z. 8) gibt er zwar zu, dass dies de iure noch nicht der Fall ist. Ihm ist aber viel wichtiger, herauszustellen, dass seiner Meinung nach Antonius de facto ein Staatsfeind ist. Cicero stellt re somit an die zweite Stelle und untermalt diese durch die Alliteration iam iudicatus (Z. 8). Allein die Verwendung des Ausdrucks iudicatus macht deutlich, dass in Ciceros Augen das Urteil über Antonius bereits gefällt ist. Die Concessio nondum ... sed (Z. 8) verfehlt sicherlich ihre Wirkung nicht: Ein möglicher Einwand wird von vornherein entkräftet. Auch das fast Rahmencharakter in Z. 8f. einnehmende Hyperbaton hostis ... Antonius macht das Urteil Ciceros über Antonius deutlich. Die auffällige Inversion est hostis ... appellatus ... Antonius verstärkt die Behauptung, Antonius sei bereits offiziell zum Staatsfeind erklärt.

§2: Antonius ist ein Staatsfeind

1 Satzanalyse zu Z. 2–4
Neque enim, Quirites, fieri potest,
    ut non aut ii sint impii,
        qui contra consulem exercitum comparaverunt,
    aut ille hostis,
        contra quem iure arma sumpta sunt.

2 a)

Ablativ	Funktion
multo	Ablativus mensurae
tanto consensu tantoque clamore	Ablativus instrumentalis
iure	Ablativus modi
hodierno die	Ablativus temporis
suo studio, consilio, patrimonio	Ablativus instrumentalis
maximis laudibus	Ablativus instrumentalis

b) Cicero geht davon aus, dass das Publikum ihm in dem bislang Gesagten seine Zustimmung gegeben (tanto consensu; Z. 1f.) und diese durch lautstarken Beifall (tantoque clamore; Z. 2) bestärkt hat. Durch den Parallelismus und die Alliteration in dem Ausdruck tanto consensu tantoque clamore (Z. 1f.) wird die von Cicero unterstellte Begeisterung der Volksversammlung untermalt. Die auffällige Häufung von o-Lauten in diesem Satz macht den emphatischen Charakter dieses Satzes deutlich, mit der Cicero die zustimmende Begeisterung zusätzlich provoziert. Cicero verfolgte damit möglicherweise die Absicht, dass in dem allgemeinen Jubelgeschrei kritische Stimmen untergingen, die einwenden könnten, dass gar kein Senatsbeschluss existiert, der Antonius zum Staatsfeind erklärt (in Z. 4f. tut Cicero wiederum so, als gäbe es einen solchen).
Fast beiläufig erweckt Cicero mit dem Wort iure (Z. 4) und dem Nebensatz quamquam nulla [dubitatio] erat (Z. 4f.) bei der Volksversammlung den Eindruck, dass an seinen Worten kein Zweifel besteht, man ihm also zustimmen muss.
Auch mit der Verwendung des Possessivpronomens in dem Ausdruck rem publicam libertatemque vestram (Z. 6) macht Cicero seinen Zuhörern deutlich, dass jeder von ihnen betroffen ist. Das Homoioteleuton und Ciceros Gleichsetzung von res publica und libertas unterstreichen dies auch klanglich.

3 Ausgerechnet Cicero, der Verfechter der Republik, der streng für die Einhaltung der Gesetze eintritt, rechtfertigt hier nicht nur das strafbare Vergehen der Antonius-Gegner, ohne Beauftragung durch den Senat gegen Antonius, den rechtmäßigen Konsul, militärisch vorzugehen, sondern heißt es sogar gut (iure arma sumpta sunt) (Z. 4). Geschickt setzt Cicero die Litotes neque ... fieri potest ... ut non (Z. 2f.) ein, um seine Verkehrung der Tatsachen zu verschleiern und seine Sicht der Dinge als richtig zu betonen. Klanglich untermauert er die Rechtmäßigkeit dieses Vorgehens durch die Alliteration contra consulem ... comparaverunt (Z. 3).

[4] In Z. 4 gibt Cicero zunächst zu, dass es Zweifel an der Rechtmäßigkeit des Handelns der Antonius-Gegner gegeben hat (dubitationem), stellt diesen aber von vornherein als unberechtigt dar (quamquam nulla erat / ne qua posset esse; Z. 4f.). Cicero tut wiederum so, als liege ein Senatsbeschluss vor (dubitationem ... hodierno die sustulit; Z. 4f.). Durch das Wiederaufgreifen des hodierno die (Z. 5; vgl. §1, Z. 6) unterstreicht er die Bedeutung des heutigen Tages, an dem dieser Beschluss angeblich gefasst wurde.

In Z. 5ff. wendet sich Cicero völlig unvermittelt Octavius zu. Octavius erscheint als der Bewahrer der res publica und der libertas. Beide Begriffe werden auch hier wieder gleichgesetzt (rem publicam libertatemque vestram) und erscheinen als Homoioteleuton. Dass genau wie Ciceros Einsatzbereitschaft (vgl. §1) auch das Engagement des Octavius für den Erhalt des Staates und der Freiheit immer bestanden hat und auch jetzt besteht, macht das Polyptoton tutatus est et tutatur deutlich. Die Mittel, die Octavius hierzu einsetzte, nennt Cicero in dem Asyndeton suo studio, consilio, patrimonio, das zugleich ein Homoioteleuton bildet. Diese Aufzählung entspricht dem Gesetz der wachsenden Glieder und beinhaltet eine Klimax. Während Asyndeton und Homoioteleuton die Entschlossenheit des Octavius widerspiegeln und sich die Begriffe sehr gut einprägen, symbolisieren das Gesetz der wachsenden Glieder und die Klimax die Bedeutung und Selbstlosigkeit seines Engagements. Nicht einmal den Einsatz seines Erbes für die gute Sache scheut er. Die Verwendung des Superlativs im Hyperbaton maximis senatus laudibus (Z. 7) kommt einer Hyperbel gleich. Während der Senat das Handeln des Octavius lediglich gebilligt hat, beabsichtigt Cicero damit natürlich, den Eindruck zu vermitteln, der Senat habe Antonius bereits zum Staatsfeind erklärt.

§3: Caesars Verdienste um den Staat

[1] Octavius ist nicht zuletzt wegen seiner Großzügigkeit (er hat erst wenige Monate zuvor die ludi victoriae Caesaris in großem Umfang veranstaltet) beim Volk äußerst beliebt. Cicero weiß das natürlich und kann sicher sein, dass das Volk schon auf die Erwähnung dieses Namens positiv reagiert. Genau das sagt er auch im ersten Satz und lobt die Römer dafür. Dieses Lob gewinnt durch die Geminatio laudo, laudo vos sowie durch die Interjektion Quirites an Gewicht. Die Superlative gratissimis und clarissimi sind eine Hyperbel, mit der Cicero einerseits seinen Zuhörern schmeichelt und andererseits die Bedeutung des Octavius unterstreicht. Diesen bezeichnet Cicero zunächst als einen adulescens, verwendet dann aber als Correctio, gekoppelt mit einer Alliteration, den Ausdruck adulescentis, vel pueri potius. Die Betonung des jugendlichen Alters des erst 19-jährigen Octavius verleihen seinen Taten erst recht

Anerkennung. Der nun folgende parallel gebaute Ausdruck facta eius immortalitatis, nomen aetatis enthält eine doppelte Antithese. Die Begriffe facta und nomen sowie immortalitas und aetas stehen sich gegenüber. Der scheinbare Widerspruch, dass derart großartige Taten von einem so jungen Mann vollbracht werden können (facta / nomen), wird durch die dazugehörigen Genitivattribute immortalitatis und aetatis aufgelöst. Nur nominell ist Octavius jung, seine Taten aber sind unsterblich, d.h. göttlich. Diese Taten sind also gottgewollt. Der Wille der Götter ist den weltlichen Gesetzen übergeordnet. Damit legitimiert Cicero das ungesetzliche Vorgehen des Octavius, ohne Beschluss des Senats eine Privatarmee gegen Antonius aufzustellen. Er stellt Octavius als selbstlosen Retter des Staates dar, indem er in Z. 7 darauf hinweist, dass Octavius das Heer aus Soldaten seines Vaters (ex paternis militibus) gebildet hat, also sein Erbe zur Verfügung gestellt hat, um den Staat vor Unheil zu bewahren (a pernicie rei publicae averteret; Z. 8f.).

Den von Octavius gefassten Beschluss untermalt Cicero mit zahlreichen weiteren Stilmitteln. Schon diese sprachliche Vielfalt spricht für die Besonnenheit des Octavius; er hat überlegt und bewusst gehandelt. Die gründliche Überlegung spiegelt sich in dem Homoioteleuton insperatum ... consilium, incognitum ... exercitum invictum (Z. 6f.) wider. Der Ausdruck incognitum certe ceperit ist eine Concessio, die zugleich eine Alliteration beinhaltet. Beides bringt die Entschlusskraft des Octavius zum Ausdruck. Obwohl niemand ein solches Handeln erhofft (insperatum) hätte, entschließt sich Octavius um der guten Sache willen dazu.

2 servitute premeremur – malum cresceret – praesidii nihil haberemus – capitalem et pestiferum M. Antoni reditum timeremus

Die römischen Bürger befanden sich in einer hoffnungslosen Lage. Denn nach der Ermordung Caesars war es zu einem Machtkampf zwischen Antonius und Octavius um die politische Nachfolge Caesars gekommen. Da die militärische Stärke für den Ausgang dieses Wettstreites entscheidend war, hatte sich Antonius nach Brundisium begeben, um dort seine makedonischen Legionen in Empfang zu nehmen. Mit der gefürchteten Rückkehr des grausamen Gewaltherrschers Antonius (M. Antoni reditum timeremus; Z. 6) drohte den Römern nach Ciceros Darstellung sogar Lebensgefahr (capitalem et pestiferum reditum, Z. 6).

Die Schilderung der Ausweglosigkeit steigert sich. Die Klimax gipfelt in der Todesgefahr, die von Antonius ausgegangen wäre, wenn nicht Octavius eingegriffen hätte. Diese akute Lebensbedrohung wird verstärkt durch das Hendiadyoin capitalem et pestiferum. Das Hyperbaton capitalem et pestiferum ... reditum spiegelt das angsterfüllte Warten auf die Rückkehr wider.

§4: Caesars Handeln rettet das römische Volk vor der Vernichtung

1 Relativsatz mit konsekutivem Nebensinn.

2 Cicero greift den Begriff pernicies aus §3 (Z. 8) wieder auf, bezieht ihn nun aber auf das römische Volk (pernicie populi Romani; Z. 7f.). Der Ausdruck nihil nisi de pernicie populi Romani enthält sowohl eine Alliteration als auch eine Litotes mit Alliteration. Die Alliteration pernicie populi macht deutlich, dass jeder einzelne Römer von der pernicies betroffen ist. Die Litotes nihil nisi, verstärkt durch die Alliteration, weist die pernicies als Hauptziel des Antonius aus. Für die Lebensgefahr, die die pernicies für die römischen Bürger bedeutet, benutzt Cicero die Metonymie sanguine (Z. 5). Dadurch macht er das Morden anschaulich und führt dafür zwei Beispiele an: die Gemetzel in Suessa und Brundisium. Durch Anapher und Parallelismus des Asyndetons quos Suessae, quos Brundisi occiderat zeigt Cicero, dass sich beide Beispiele an Grausamkeit gleichen.
In Zeile 9 greift er mit dem Homoioteleuton salutis libertatisque die Lebensbedrohung wieder auf und fügt den Verlust der Freiheit hinzu, den eine pernicies bedeutet. Fasst man salus nicht nur als Wohlbefinden, sondern als Existenz auf, liegt bei dem Homoioteleuton ein Hysteron proteron vor. Dies könnte derart gedeutet werden, dass das Überleben das Wichtigste ist. Den Zuhörern macht Cicero deutlich, dass es bei der Entscheidung des Octavius für sie (vestrae; Z. 9) um Leben und Tod ging.

3 Auch in §4 erscheint Octavius als Retter des Staates. Es wiederholt sich aus §2 der Begriff libertas (Z. 9), den Cicero bereits in §1 mit res publica gleichgesetzt hatte. Sowohl in §1 als auch in §§2 und 4 tritt das Possessivpronomen vester hinzu, wodurch Cicero seinen Zuhörern eindringlich klarmacht, dass sie selbst betroffen sind.
Den Staat bzw. das römische Volk vor dem Verderben zu bewahren und somit den Staat zu retten, zeigt auch die Wiederaufnahme der pernicies (Z. 7) aus §3.
Die Selbstlosigkeit, mit der Octavius unter Einsatz seines Erbes gehandelt hat, indem er eine Armee aufgestellt hat (sui patris militum exercitum; Z. 10f.), hat Cicero bereits in §2 (patrimonio; Z. 6f.) sowie in §3 (exercitum ... ex paternis militibus conficeret; Z. 7f.) dargestellt.
Auch die Legitimation durch die Gottgewolltheit, mit der Octavius gehandelt hat (facta eius immortalitatis; §3, Z. 2), wird hier in Z. 12ff. als Polyptoton wieder aufgegriffen (pro divinis et immortalibus meritis und divini immortalesque). Cicero unterstreicht damit das Gewicht, das diesem Argument zukommt. Er appelliert damit an die religiöse Ehrfurcht der Römer und kann sich sicher sein, dass sich kein Zuhörer dem Argument verschließen kann.
Wie schon in §2 (maximis senatus laudibus ornatus est; Z. 7) suggeriert Cicero wiederum die Existenz eines Senatsbeschlusses, durch den Antonius offiziell zum Staatsfeind erklärt ist (cuius de laudibus et honoribus ... senatus ... referretur; Z. 11ff.).
In dem gesamten Paragraphen sagt Cicero nichts Neues über das Handeln des Octavius, sondern wiederholt das bereits Gesagte und schmückt es aus.

4 Mit dem von Caesar ererbten Vermögen verfügte Octavius nicht nur über die Geldmittel, die notwendig waren, seinem Gegner Antonius militärisch gewachsen zu sein, sondern mit dem Einsatz von Geld schaffte er es sogar, diesem überlegen zu sein, indem zwei der Legionen des Antonius zu ihm überliefen.

Für Cicero ergab sich dadurch die Chance, in Octavius einen Verbündeten für seinen Kampf gegen Antonius zu finden. Er erhoffte sich durch dessen militärische Macht die Unterstützung für die Sache des Senats.

§5: Auch die Marslegion erklärt Antonius zum Staatsfeind

1 Cicero trifft in der Form von rhetorischen Fragen eine grundlegende Feststellung, die er als Prämisse für seine weitere Beweisführung benötigt: Antonius ist vom Senat zum Staatsfeind erklärt worden.
Cicero macht dies am Verhalten des Senats fest, der beschlossen hat (quo decreto; Z. 1), über angemessene Ehrungen für Octavius (Octavius hat gegen Antonius wie gegen einen Staatsfeind gehandelt) zu beraten (senatus arbitratur singulares exquirendos honores; Z. 2f.). Stilistisch schmückt Cicero seine in den rhetorischen Fragen enthaltene Feststellung durch die Inversion hostem esse Antonium und das Homoioteleuton Antonium iudicatum in Z. 1 sowie durch die Alliteration quem qui in Z. 2 aus.

2 Die Marslegion hat unrechtmäßig gehandelt, indem sie ihrem Konsul Antonius den Gehorsam verweigert hat und zu Octavius übergelaufen ist. Dieses Handeln wird von Cicero legitimiert. Er begründet die Rechtmäßigkeit mit dem Götterwillen, indem er unterstellt, dass schon die Namensgebung nach dem Gott Mars (legio Martia ... divinitus ab eo deo traxisse nomen; Z. 3f.) gottgewollt war (divinitus). Die Zuhörer können also gar nicht anders, als diesem gottgewollten Handeln zuzustimmen.
Cicero verdreht damit rhetorisch geschickt die Tatsachen: Allein der Name rechtfertigt natürlich kein illegales Verhalten. Dennoch unterstreicht Cicero den angeblichen Götterwillen durch die figura etymologica divinitus ... deo. Auch der Hinweis darauf, dass Mars als der Stammvater der Römer gilt (a quo populum Romanum generatum accepimus; Z. 4f.) lässt den Eindruck entstehen, dass eine nach ihm benannte Legion rechtmäßig handelt. Das Homoioteleuton populum Romanum generatum verstärkt diesen Eindruck.
Das sehr weit angelegte Hyperbaton legio Martia ... ipsa (Z. 3/5) unterstreicht den Inhalt der beiden dazwischenliegenden Relativsätze (Götterwille, göttliche Abstammung der Römer).
Es ist somit nicht verwunderlich, dass die Marslegion durch ihr Verhalten noch vor dem Senat Antonius zum Staatsfeind verurteilt hat. Auch hier verwendet Cicero die Inversion hostem ... Antonium, wodurch er die Verurteilung des Antonius zum Staatsfeind heraushebt.
In Z. 6f. legt Cicero die Tatsache, dass der rechtmäßige Konsul Antonius nichts gegen die Gehorsamsverweigerung seines Heeres unternommen hat, so aus,

als habe Antonius sich damit selbst zum Staatsfeind erklärt. Somit haben die Marssoldaten, vollkommen rechtmäßig gehandelt, indem sie einen Staatsfeind verlassen haben. Sie selber wären zu Staatsfeinden geworden, hätten sie einem anderen Konsul den Gehorsam verweigert. Das Polyptoton hostis ... hostes (Z. 6f.) unterstreicht die scheinbare Wahl, vor die die Volksversammlung gestellt wird.

Mit dem (von Cicero erwarteten) Beifall (reclamatione vestra; Z. 7) ist die Entscheidung natürlich zugunsten der Marslegion gefallen, und Cicero klassifiziert das Verhalten der Marslegion mit dem Homoioteleuton factum pulcherrimum Martialium.

Z. 8f.: Stärkung des Senats (ad senatus auctoritatem contulerut), Einsatz für die Freiheit der Bürger und für die res publica (ad libertatem vestram, ad universam rem publicam).

§6: Das Verhalten der Legionen beweist: Antonius ist ein Staatsfeind

[1] Nominaler Ablativus absolutus.

[2] Huius legionis legio quarta imitata virtutem
    duce L. Egnatuleio,
        quem senatus merito paulo ante laudavit,
C. Caesaris exercitum persecuta est.

[3] Die Stadt Alba war günstig gelegen (opportuna; Z. 3), befestigt (munita; Z. 4), in der Nähe liegend (propinqua; Z. 4). Diese Attribute, die ein Homoioteleuton bilden, führt Cicero asyndetisch auf, und lässt als Genitivus qualitatis die Beschreibung der Einwohner folgen. Hier spricht er zunächst von den (wehrfähigen) Männern, die er als äußerst mutig bezeichnet (fortissimorum virorum; Z. 4f.), dann weitet er sein Urteil auf alle Bürger aus und beschreibt sie als sehr treu und rechtschaffen (fidelissimorum civium atque optimorum; Z. 5f.). Die Superlative stellen eine Hyperbel dar, durch die die Bewohner der Stadt gelobt werden, von einer einem Staatsfeind abtrünnigen Legion zum Unterschlupf auserwählt worden zu sein. Dies ist natürlich nur bei Bürgern möglich, die bereits erkannt haben, dass es sich bei dem Konsul Antonius in Wirklichkeit um einen Staatsfeind handelt.

[4] Die 4. Legion ist dem Beispiel der Marslegion gefolgt und ebenfalls zu Octavius übergelaufen. Cicero formuliert diesen Umstand huius legionis legio quarta imitata virtutem (Z. 6f.). Durch das Polyptoton mit Alliteration legionis legio wird die bereits durch das Verb imitari inhaltlich gemachte Gleichstellung mit der Marslegion auch formal unterstrichen. Das nachgeahmte Verhalten bezeichnet Cicero wie selbstverständlich als virtus. Damit wird auch die Gehorsamsverweigerung der 4. Legion nicht nur gutgeheißen sondern po-

sitiv bewertet. Auch die Belobigung des L. Egnatuleius durch den Senat klassifiziert einerseits das Verhalten der 4. Legion als Heldentat, und andererseits unterstellt Cicero wieder einmal den angeblich existierenden Senatsbeschluss.

5 Nachdem Cicero (zumindest rhetorisch) bewiesen hat, dass Antonius ein Staatsfeind ist, konfrontiert er den in Wirklichkeit abwesenden Antonius damit. Cicero tut so, als trete ein Verurteilter vor die Volksversammlung, erdrückt von der Beweislast. Schon die rhetorische Frage (Z. 10f.), mit der die Apostrophe eingeleitet wird, sowie das darin enthaltene Hyperbaton (quae ... iudicia graviora) schließt jeden Zweifel aus.
Cicero wiederholt im Folgenden das Wohlwollen des Senats zum Verhalten des Octavius und den Legionen und verstärkt damit nochmals die Verurteilung des Antonius. Wie zum Beweis seiner Schuld führt er dies dem Antonius vor Augen. Klanglich untermalt er dies zunächst durch die Alliteration Caesar ... caelum ... qui ... contra ... comparavit (Z. 11f.). Dann überschlagen sich die stilistischen Mittel, die Cicero einsetzt, um dem Antonius (in Wirklichkeit natürlich der Volksversammlung) die erdrückende Beweislast deutlich zu machen:
Anapher (quae ... quae ... quae), Asyndeton, Parallelismus und Hyperbaton (quae ... tuae) sind in der Formulierung quae te reliquerunt, quae a te arcessitae sunt, quae essent ... tuae enthalten (Z. 13–16). Die Verwendung dieser sprachlichen Mittel lässt den Inhalt eindringlich und prägnant klingen.
Die Prädikate reliquerunt (Z. 14) und arcessitae sunt (Z. 14) stellen sowohl eine Antithese als auch ein Hysteron proteron dar. Dadurch wird einerseits der strenge Gegensatz veranschaulicht, andererseits tritt das Entscheidende (reliquerunt) in den Vordergrund. Gleichzeitig findet ein Wechsel vom Aktiv ins Passiv statt. Damit macht Cicero deutlich, dass es sich beim Verlassen des Konsuls um eine bewusste Entscheidung der Legionen handelte, während die Legionen gezwungenermaßen zu Antonius gekommen sind.
Dass es sich um eine richtige Entscheidung handelte, betont Cicero mit dem Homoioteleuton quarum legionum fortissimum verissimumque iudicium (Z. 16), wobei die Superlative eine Hyperbel darstellen, durch die das iudicium in höchstem Maße gelobt wird.
Ebenso wie im vorausgegangenen Konditionalsatz tritt ein weiteres Mal die Antithese consulem ... hostem (Z.18) auf. Auf diese Weise belegt Cicero auch formal, dass ein Staatsfeind vom Konsulamt ausgeschlossen ist.

§7: Wer den Erhalt der Freiheit des Staates will, stimmt mit D. Brutus überein

§8: Das Urteil des D. Brutus

1 arma esse capienda (§7, Z. 4), iudicium contemnendum videtur (§7, Z. 5) und defensio est laudanda (§8, Z. 9) drücken eine Notwendigkeit aus. ad libertatem vel constituendam vel recipiendam (§7, Z. 8) sind attributive Gerundiva.

2 Dativobjekt, abhängig von videtur.

3 D. Brutus, der Statthalter der Provinz Gallia Cisalpina, wird schon durch seinen Namen als Autorität anerkannt. Denn es waren Angehörige des Geschlechts der Bruti, die sich schon zuvor in der römischen Geschichte um den Erhalt bzw. die Wiederherstellung der Freiheit des römischen Volkes verdient gemacht haben. (Brutorum genus et nomen ad libertatem populi Romani vel constituendam vel recipiendam; §7, Z. 7f.). Wenn also D. Brutus ein Antonius-Gegner ist, kann Cicero darauf setzen, dass die bloße Erwähnung seines Namens von den Zuhörern mit dem Erhalt der Freiheit verbunden wird. Hinzu kommt, dass Cicero die Bruti als Göttergeschenk bezeichnet (deorum immortalium beneficio et munere; §7, Z. 6f.). Damit wird auch jedes Handeln des D. Brutus gerechtfertigt.

4 Es handelt sich hier um einen Wechsel von Fragen und Antworten. Dadurch gewinnt das Gesagte an Lebendigkeit. Cicero erweckt den Eindruck, als fände ein Dialog zwischen ihm und seinem Publikum statt. Durch dieses Vorgehen nimmt Cicero mögliche Einwände vorweg, indem er sie durch die Beantwortung der Fragen entkräftet.

5 Der Satzstil ist parataktisch. Die Sätze sind mit Ausnahme des Satzes Z. 5–8 sehr kurz und elliptisch. Als es in §7 darum ging, deutlich zu machen, dass hinter dem Verhalten des D. Brutus göttlicher Wille steckt, hat Cicero sehr ausholend, fast emphatisch geredet. In §8 geht es um die konkreten Maßnahmen, die D. Brutus bereits ergriffen hat. Die Parataxe veranschaulicht die Eile, die geboten ist, um die libertas zu retten.

6 Gleich im ersten Satz des §7 unterstellt Cicero, dass seine Zuhörerschaft einstimmig seinem eigenen Urteil gefolgt ist und in Antonius einen Staatsfeind sieht. Diese vermeintliche Einmütigkeit betont Cicero auch durch den Pleonasmus una mente consentiunt (Z. 2–3).
Durch die dreimalige Verwendung der Interjektion Quirites (§7, Z. 1, 4, 6) appelliert Cicero an die römische Identität seiner Zuhörer, die sich dadurch ihrer Verantwortung gegenüber dem Staat bewusst werden sollen.
Die rhetorische Frage municipia ... iudicare censetis (§7, Z. 1–2) dient dazu, zu bestätigen, dass die Munizipien, Präfekturen und Kolonien zu demselben Urteil wie die römischen Bürger gekommen sind. Das Asyndeton municipia, colonias, praefecturas (§7, Z. 1–2) lässt die Aufzählung lebhaft wirken und zeigt die Entschlossenheit der Bürger dieser Gemeinden. Auch durch die Personifikation der Munizipien, Präfekturen und Kolonien wird der Eindruck erweckt, als seien tatsächlich ausnahmslos alle Einwohner derselben Meinung. Im nächsten Satz geht Cicero sogar noch weiter, indem er behauptet, dass alle Menschen (omnes mortales; §7, Z. 2) einer Meinung sind. Durch die Metonymie mortales macht Cicero zugleich klar, dass sich jeder Sterbliche dem Willen der Unsterblichen, also der Götter, zu beugen hat. Die Einstimmigkeit aller im Ur-

teil über Antonius und die Einigkeit darüber, dass der Kampf gegen ihn aufzunehmen ist, veranschaulicht das Polyptoton omnes ... omnia (§7, Z. 2–3).
Mit einer todbringenden Krankheit wird Antonius durch die Metapher pestem (§7, Z. 3) verglichen. Cicero veranschaulicht so die existenzielle Bedrohung für den Staat, die seiner Meinung nach von Antonius ausgeht.
Die rhetorische Frage D. Bruti ... videtur? (§7, Z. 4–5) bestätigt das Urteil des D. Brutus als richtig. Diese Bestätigung erfährt wiederum eine Verstärkung durch das Hendiadyoin recte et vere (§7, Z. 5–6), wodurch sich die Zuhörer umso mehr geschmeichelt fühlen. Cicero traut ihnen ein richtiges Urteil zu. Sowohl durch den Pleonasmus deorum immortalium (§7, Z. 6), als auch durch das Hendiadyoin beneficio et munere (§7, Z. 6–7) wird der göttliche Wille betont, der für Cicero hinter dem Handeln des D. Brutus steht. Welcher Römer würde es da wagen, sich dem Götterwillen zu widersetzen?
In §8 legt Cicero dar, welche Maßnahmen D. Brutus gegen Antonius ergriffen hat. Durch das Asyndeton excludit provincia; exercitu obsistit; Galliam totam hortatur ad bellum (§8, Z. 1–2) wird einerseits die Entschlossenheit des D. Brutus verstärkt, andererseits wird die Notwendigkeit betont, möglichst schnell zu agieren.
Mittels des Hyperbatons Galliam totam ... ipsam ... excitatam (§8, Z. 2–3) wird eine gewisse Spannung erzeugt: Erst mit dem letzten Wort des Satzes erfährt der Zuhörer, welche Einstellung Gallien zu Antonius hat.
Mit Hilfe des Pleonasmus ipsam sua sponte (§8, Z. 2) verstärkt Cicero die Freiwilligkeit und Uneigennützigkeit des D. Brutus. Die darin enthaltene Alliteration untermalt dies auch klanglich.
Die beiden nachfolgenden Sätze, sind durch die Anapher si ... si (§8, Z. 3–4) klar strukturiert. Diese Zweiteilung spiegelt zugleich die Wahlmöglichkeiten wider, vor die Cicero seine Zuhörer stellt: entweder Brutus oder Antonius. Aufgrund der Kürze der Darstellung durch die Ellipsen wird die Eile deutlich, die im Kampf gegen Antonius geboten ist.
Die rhetorische Frage Num ... possumus (§8, Z. 5) bestätigt Antonius als Staatsfeind. Dass auch die Zuhörerschaft einstimmig zu diesem Urteil gekommen sein muss, bekräftigt Cicero mit dem Hendiadyoin una mente unaque voce (§8, Z. 5–6).
Durch die Verwendung des Parallelismus senatus auctoritatem populique Romani libertatem imperiumque (§8, Z. 7–8) wird das Ansehen des Senats auf eine Ebene mit dem Erhalt der Freiheit und Herrschaft des römischen Volkes gestellt. Der Erhalt der auctoritas gilt also ebenfalls als zu schützendes Gut.
Das Polyptoton defenderet ... defenderet ... defensio (§8, Z. 8–9) trägt dazu bei zu verdeutlichen, dass es sich „nur" um Notwehr handelt. Jegliche Maßnahmen gegen einen Staatsfeind sind somit gerechtfertigt.

§9: Das Verhalten der Provinz Gallien gegenüber Antonius

1 **Satzanalyse zu Z. 8–14:**
Sed spes rapiendi atque praedandi occaecat animos eorum,
    quos non bonorum donatio, non agrorum assignatio, non illa infinita
                                                                  hasta satiavit;
qui sibi urbem,
qui bona et fortunas civium ad praedam proposuerunt;
qui,
    dum hic sit,
        quod rapiant,
        quod auferant,
nihil sibi defuturum arbitrantur;
quibus M. Antonius
        (o di immortales, avertite et detestamini, quaeso, hoc omen!)
urbem se divisurum esse promisit.

Zeile	Relativpronomen	Deutsche Konjunktion
2	quem	z.B. jedoch
10	qui	z.B. nämlich
10	qui	
11	qui	z.B. jedenfalls
12	quibus	z.B. also

3 Wie Cicero selbst sagt, unterstehen die Provinzen der Befehlsgewalt des Konsuls. Antonius ist der rechtmäßige Konsul, dem die Provinz Gallia Cisalpina folglich gehorchen müsste. Wenn sie dies nicht tut, gibt sie zu erkennen, dass sie Antonius nicht als Konsul akzeptiert. Cicero geht sogar so weit, zu sagen, dass die Provinz sich eines schweren Verbrechens (magno scelere; Z. 3) schuldig machen würde, wenn sie Antonius als Konsul betrachtete. Ciceros gesamte Argumentation fußt darauf, die Konsulwürde des Antonius infrage zu stellen und somit das Verhalten der Provinz zu legitimieren.
In Z. 4–6 zählt Cicero all diejenigen auf, die durch ihr Verhalten zeigen, dass auch sie in Antonius keinen Konsul sehen.
Allen voran nennt er D. Brutus, dessen Urteil über Antonius bereits bekannt ist. Cicero erhöht dessen Autorität nun aber noch, indem er ihn als imperator bezeichnet, darauf hinweist, dass D. Brutus designierter Konsul (consul designatus) und überhaupt ein Bürger ist, der sich für den Staat einsetzt (natus rei publicae civis). Die Paronomasie designatus natus macht deutlich, wie eng die Konsulwürde an die Eigenschaft eines guten Staatsbürgers gebun-

den ist bzw. von ihr abhängt. Das Hyperbaton natus rei publicae civis unterstreicht die Qualität, die D. Brutus für den Staat hat.
Die Aufzählung enthält Anapher, Asyndeton und Parallelismus. Diese Kombination macht den Inhalt besonders einprägsam. Will man in ihr eine Klimax sehen, die im negatis vos kulminiert, liegt hier außerdem eine Captatio Benevolentiae vor, da sich die Zuhörer natürlich geschmeichelt fühlen.
Die rhetorische Frage (Z. 6) bringt es auf den Punkt: Kein anständiger Mensch kann Antonius als Konsul akzeptieren.

4 Es können nur Straßenräuber (latrones; Z. 6) Antonius für einen Konsul halten. Diese Menschen sind gewissenlos und frevelhaft (impii nefariique; Z. 8). Sie sind raffgierig und gewinnsüchtig (spes rapiendi atque praedandi occaecat animos eorum; Z. 8f.). Sie sind nicht zufrieden zu stellen (quos non bonorum donatio, non agrorum assignatio, non illa infinita hasta satiavit; Z. 9f.). In ihrer Gier sind sie derart maßlos, dass sie nach immer neuen Möglichkeiten suchen, sich zu bereichern (qui sibi urbem, qui bona et fortunas civium ad praedam proposuerunt, qui, dum hic sit, quod rapiant, quod auferant, nihil sibi defuturum arbitrantur; Z. 10–12).

Zeile	Textstelle	Stilmittel
8	impii nefariique	Hendiadyoin
8	sint, sicut sunt	Alliteration
8	sint … sunt	Polyptoton
8–9	rapiendi atque praedandi	Hendiadyoin
9	occaecat	Metapher
9–10	non bonorum donatio, non agrorum assignatio, non illa infinita hasta satiavit	Anapher Asyndeton
10	illa infinita hasta	Homoioteleuton
10	hasta	Metonymie
10	satiavit	Constructio ad sensum Metapher
10–11	qui … qui … qui	Anapher, Alliteration
11–12	quod rapiant, quod auferant	Anapher, Alliteration Hendiadyoin
12	nihil … defuturum	Litotes
12	defuturum [esse]	Ellipse

§10: Der Erhalt der Republik ist Götterwille

1 Genitivus obiectivus

2

Zeile	Konjunktiv	Funktion
1	eveniat	Iussiv
2	recidat	Iussiv
6	appropinquet	Konsekutivsatz
7	possimus	Relativsatz mit konsekutivem Nebensinn

3 Die Götter geben Zeichen (prodigiis atque portentis; Z. 4) und zwar ganz deutlich (ita sunt aperte pronuntiata; Z. 5). Cicero unterlässt es tunlichst, die göttlichen Zeichen zu nennen. Denn offenbar existieren sie überhaupt nicht. Cicero baut sicherlich darauf, dass schon aus Angst, sich die Blöße von Unwissenheit zu geben, niemand danach fragen wird.

4 Die Götter werden viermal genannt (deos immortales; Z. 3 – di immortales; Z. 4 – deorum; Z. 6 – caelestium; Z. 7). Dabei wird zweimal der Pleonasmus deus immortalis benutzt, wodurch der göttliche Einfluss unterstrichen wird. Das Polyptoton deos ... di ... deorum spiegelt sowohl die Vielzahl der Götter als auch die Vielfalt der göttlichen Macht wider.

§11: Das römische Volk muss jetzt standhaft bleiben

1 a) ad proeliandum: Gerundium
ad libertatem recuperandam: attributives Gerundivum

b) §7, Z. 4: arma esse capienda: prädikatives Gerundivum
§7, Z. 5: iudicium contemnendum: attributives Gerundivum
§7, Z. 8: ad libertatem vel constituendam vel recipiendam: attributives Gerundivum
§8, Z. 9: defensio est laudanda: prädikatives Gerundivum
§9, Z. 8f.: spes rapiendi atque praedandi: Gerundium
§10, Z. 3: ad rem publicam conservandam: attributives Gerundivum

2 Relativsatz mit konsekutivem Nebensinn.

3 Cicero fordert die Zuhörer auf, bei der Meinung zu bleiben, die sie jetzt gefasst haben (Z. 1f.). Dadurch macht er klar, dass alles gesagt worden ist, was zur Meinungsbildung erforderlich ist.
Der Abschluss der Argumentation wird auch in Z. 2ff. deutlich: Cicero gibt an, sich jetzt wie die Feldherren verhalten zu wollen, die ihre Soldaten noch durch Worte anfeuern, obwohl die Entscheidung zum Kampf schon gefallen

ist.¹ Auch das heißt, dass alles Notwendige schon gesagt wurde, und dass alles, was nun folgt, lediglich der Bestätigung und Festigung dient. Natürlich geht Cicero davon aus, dass die Volksversammlung sich seinem Urteil anschließt.

4 Er wird als machtgierig und blutrünstig dargestellt: sanguinem concupiscit (Z. 7). Die Begriffe servitutem und sanguinem bilden eine Antithese, die deutlich macht, dass Antonius sich in seiner Habgier nicht beschränkt, sondern alles gleichzeitig an sich zu reißen versucht.
Den Schwerpunkt seiner Schilderung legt Cicero im Folgenden auf die Brutalität des Antonius. Als pars pro toto veranschaulichen sanguis und cruor (Z. 7f.) seine Mordlust. Dass es sich dabei buchstäblich um eine Lust handelt, macht die Metapher ludus (Z. 8) gekoppelt mit dem Ausdruck ante oculos deutlich. Der Ausdruck quam cruor, quam caedes, quam ante oculos trucidatio civium (Z. 8f.) enthält Alliteration, Anapher, Asyndeton und Klimax. Der Zuhörerschaft wird also sowohl klanglich als auch inhaltlich die Gefahr für Leib und Leben, die von Antonius ausgeht, veranschaulicht. Mit dem Ausdruck ludus videtur esse iucundior quam cruor, quam caedes, quam ... trucidatio (Z. 8f.) hebt Cicero hervor, dass Antonius an der Vielzahl von Bluttaten Freude hat.

§12: Es geht um Leben oder Tod

1 Durch den Vergleich mit dem wilden Tier bringt Cicero sowohl die Unberechenbarkeit als auch die Gefährlichkeit des Antonius gegenüber einem „einfachen" Verbrecher (scelerato homine ac nefario; Z. 1) zum Ausdruck. Cicero stuft Antonius somit als weitaus schlimmer ein. Die steigende Gefahr, die von Antonius ausgeht, wird auch dadurch deutlich, dass Cicero ihn als in eine Falle geratenes Tier (quoniam in foveam incidit; Z. 2) darstellt, das in dieser Notsituation besonders aggressiv reagiert (Z. 2f.).

2 Cicero lässt die jetzige Situation im Hinblick auf optimale Erfolgsaussichten als historisch einmalig erscheinen: die Einigkeit untereinander sowie die Eintracht zwischen Volk und Senat ist so groß wie nie zuvor (Numquam ... numquam; Z. 5f.). Es gilt also, diese günstige Konstellation zu nutzen.
Schon durch den Vergleich mit dem in die Falle getappten Tier lässt Cicero keinen Zweifel daran, in welch aussichtsloser Lage sich Antonius befindet, die Sache also kurz vor dem Abschluss steht. Der Druck, unter den ihn das römische Volk bereits gesetzt hat (tenetur, premitur, urgetur; Z. 3f.) und die Aussicht auf die künftige Unterstützung durch die designierten Konsuln (novi consules comparabunt; Z. 5) unterstützen diesen Eindruck.

---

¹ Ab §11, Z. 2 wird die vierte Philippica deshalb auch als „Feldherrenrede" bezeichnet.

§13: Der Einfluss der virtus auf das Urteil des Volkes

1 Die virtus ist besonderes Kennzeichen eines Römers (quae propria est Romani generis et seminis; Z. 2f.). Durch das Hendiadyoin mit dem Homoioteleuton generis et seminis erinnert Cicero seine Zuhörer eindringlich sprachlich daran, welch großartige Bedeutung der virtus in der römischen Tradition zukommt. Er fordert sie in Z. 3f. auf, diese wie ein Erbe der Vorfahren (tamquam hereditatem; Vergleich) zu bewahren. Der Einschub quaeso lässt dies wie eine persönliche Bitte erscheinen, die in der Alliteration quaeso, Quirites, quam besonders eindringlich klingt. Durch die gleichzeitige Verwendung der Interjektion Quirites dringt der Appell tief in das Bewusstsein des Publikums. Cicero stellt die virtus als einzige verlässliche und stabile Größe dar und untermalt dies durch die asyndetische Aufzählung mit einem markanten Homoioteleuton Alia omnia falsa, incerta sunt, caduca, mobilia (Z. 4). Dabei bilden falsa und incerta sowie caduca und mobilia jeweils ein Hendiadyoin. Dadurch dass die beiden Hendiadyoin-Paare die Kopula einrahmen, gewinnt der Ausdruck caduca, mobilia elliptischen Charakter und spiegelt das wankende, unstete Verhalten der alia omnia wider. In der sich unmittelbar daran anschließenden Metapher virtus est una altissimis defixa radicibus (Z. 4f.) wird durch das doppelte Hyperbaton ebenfalls eine abbildende Wortstellung erzeugt, die die Standhaftigkeit der virtus veranschaulicht.
Auch in dem sich anschließenden Relativsatz wird mittels Asyndeton und Anapher die immerwährende Beständigkeit der virtus hervorgehoben (quae numquam, ..., numquam ...). In Z. 6ff. zählt Cicero Beispiele aus der römischen Geschichte auf, in denen die Vorfahren durch ihre virtus erfolgreich Eroberungen vorgenommen haben (Hac ... redegerunt). Die Aufzählung ist als paralleles Asyndeton konzipiert und klingt dadurch besonders prägnant. Die zugleich enthaltene Klimax lässt die großartige Rolle hervortreten, die Cicero der römischen virtus beimisst. Durch die exponierte Stellung des hac (= virtute) am Satzanfang macht er dies schon deutlich. Der generalisierende Hinweis darauf, dass die Vorfahren mit ihrer virtus Könige und Völker besiegt haben in Verbindung mit den Superlativen (potentissimos reges, bellicosissimas gentes) stellt eine Hyperbel dar, die dazu dient, den Zuhörern einmal mehr ihre Identität und ihre Tradition bewusst zu machen.

2 Nach römischer Vorstellung basierte der Ruhm des römischen Volkes und die Größe des römischen Machtbereiches auf den Leistungen der Vorfahren. Beides zu festigen und zu mehren gehörte bei den Römern zur staatlichen Ideologie. Durch die Idealisierung der mores maiorum, die besonders während des Bürgerkrieges im 1. Jahrhundert v. Chr. forciert wurde und allgegenwärtig war, sah sich auch jeder Einzelne diesem Staatsziel verpflichtet.
Mit der Bedrohung des Staates durch Antonius würden also zugleich die Leistungen der maiores gefährdet. Insofern dürfte Ciceros Hinweis hierauf bei den Zuhörern sofort die gewünschte Empörung über Antonius hervorgerufen haben.

§14: Was den Staatsfeind Antonius von bisherigen Feinden unterscheidet

[1] Relativsatz mit konsekutivem Nebensinn.

[2] Im Gegensatz zu den Feinden der maiores besitzt Antonius keinen eigenen Staat, sondern bekämpft im Gegenteil den Staat, dem er angehört (hic vester hostis vestram rem publicam oppugnat, ipse habet nullam; Z. 3f.). Darüber hinaus spricht Cicero dem Antonius jeglichen Friedenswillen und Verhandlungsbereitschaft ab (rationem aliquam ... pacis et foederis; Z. 2f.).

[3] Es bietet sich eine Dreiteilung an:

Zeile	Überschrift
1–3	Die Feinde der Vorfahren
3–6	Der Staatsfeind Antonius
6–8	Schlussfolgerungen: – Ein Mann ohne Staat kann keine einträchtigen Staatsbürger haben – Mit einem Mann von derartiger Grausamkeit und Unzuverlässigkeit ist kein Frieden möglich

§15: Antonius im Vergleich zu Catilina

[1] Ablativus limitationis

[2]

Gemeinsamkeiten	Unterschiede
Gleiches Verbrechen (scelere par est illi; Z. 3): Streben nach Gewaltherrschaft	Antonius legt bei seinen Machtbestrebungen weniger Eifer an den Tag als Catilina seinerzeit (industria inferior; Z. 3): Cicero stellt Antonius als noch leichter besiegbar dar und ermutigt dadurch seine Zuhörer
	Catilina besaß kein eigenes Heer, stellte aber eines auf, Antonius

Gemeinsamkeiten	Unterschiede
	verlor sein Heer (Z. 4–5): Antonius erscheint als machtlos und daher leicht zu bekämpfen
Innenpolitische Bedrohung für den Staat	Catilina wurde bereits bekämpft – Antonius muss noch bekämpft werden
Gegner Ciceros	

3 Es handelt sich hierbei (ebenso wie beim Sklavenaufstand unter Spartacus) um ein Ereignis aus der jüngeren Geschichte. Die Erinnerung daran ist also noch bei sehr vielen präsent. Auch die Machtergreifung des Catilina hätte (zumindest nach Ciceros Darstellung) den Niedergang der res publica bedeutet. Die Römer dürften noch jetzt froh sein, dass Cicero Catilinas Umsturzversuch rechtzeitig vereitelte. Somit jagt Cicero mit dem Heranziehen dieses Beispiels den Zuhörern einerseits Angst ein, beruhigt sie aber zugleich damit, dass sein Engagement gegen Catilina bereits zum Erfolg geführt hat. Auf diese Weise schafft Cicero Vertrauen und ermutigt die Zuhörer, den Kampf gegen Antonius aufzunehmen.

§16: Ciceros selbstloser Einsatz für die Freiheit des römischen Volkes

1

Zeile	Ablativ	Funktion
Z. 1	cura, labore, vigiliis, auctoritate, consilio	abl. instrumentalis
Z. 4	hodierno die	abl. temporis
Z. 4–6	referente viro, M. Servilio, collegisque, ornatissimis viris, optimis civibus	abl. absolutus
Z. 6	longo intervallo	abl. temporis
Z. 6	me auctore et principe	nominaler abl. absolutus

2 nominaler ablativus absolutus (mit Ellipse des Partizip Präsens aktiv von esse)

3 Cicero zeigt sein vielfaltiges Engagement und macht dieses durch das Asyndeton cura, labore, vigiliis, auctoritate, consilio (Z. 1) deutlich. Nicht gerade bescheiden verweist er dabei auf seinen Einfluss (auctoritate) und seine Klugheit (consilio). Insofern kann man in der Aufzählung eine Klimax erkennen. Seine feste Entschlossenheit und seine Zuverlässigkeit macht das durch die Alliteration geschmückte Hendiadyoin eniti atque efficere (Z. 1f.) deutlich. Cicero steigert seinen Einsatz für den Erhalt der Freiheit des römischen Volkes, indem er durch die Litotes nihil praetermittam (Z. 2) seine Bereitschaft zeigt, dafür alles zu tun. Im Anschluss daran greift Cicero zu einer Captatio benevolentiae (neque enim ... possum; Z. 3f.): Bei so großer Zustimmung kann er gar nicht anders handeln. Der Ausdruck amplissimis in me beneficiis wird durch die Verwendung von Plural und Superlativ zur Hyperbel. Die Zuhörer fühlen sich umso mehr geschmeichelt. Das in der Hyperbel enthaltene Hyperbaton umrahmt das Objekt der Sympathie: Cicero selbst. Dadurch werden einerseits die Gunstbeweise des Publikums hervorgehoben, andererseits betont Cicero damit auch seine hervorragende Rolle, indem er sich buchstäblich in den Mittelpunkt stellt.

Cicero selbst gibt sich durch die Litotes mit Alliteration neque ... sine scelere (Z. 3) wieder bescheiden. Er tut so, als sei sein Engagement eine Selbstverständlichkeit.

4 In beiden Paragraphen werden die Zuhörer gelobt, wobei Cicero die Stilmittel Captatio Benevolentiae und Hyperbel einsetzt. Zu Beginn der Rede hatte dies die Funktion, wohlwollende Zustimmung für die darzulegenden Argumente vorzubereiten. Diese hat er nun bekommen (sagt er zumindest) und spricht dem Publikum dafür sein Lob aus. Am Ende der Rede will Cicero durch das Lob dem Publikum Mut zusprechen, der Zustimmung auch Taten folgen zu lassen.

Bereits im ersten Paragraphen beginnt Cicero, libertas synonym für res publica zu verwenden. Jetzt spricht er in beiden Sätzen nur noch von libertas. Nach seiner vorausgegangenen Argumentation ist jetzt klar: Die libertas steht auf dem Spiel.

Darüber hinaus hebt Cicero die besondere Bedeutung dieses Tages hervor: In beiden Paragraphen verwendet er den Ausdruck hodierno die. Während Cicero die Senatsversammlung am Vormittag zunächst als Grundlage seiner Argumentation benötigte (der Senat hat Antonius gewissermaßen zum Staatsfeind erklärt), macht er der Volksversammlung nun klar, welch geradezu historische Bedeutung ihrem Votum zukommt.

Zu den Arbeitsaufträgen und Fragen zur Gesamtrede

1 Die Art der Darstellung dürfte sehr unterschiedlich ausfallen. Es wäre z.B. folgende Dreiteilung möglich:

Einleitung	§1	Behauptung: Antonius ist ein Staatsfeind
„Beweisführung": Das Verhalten verschiedener Personen bzw. Gruppen bestätigt die Richtigkeit der Behauptung	§§2–5a	Octavius
	§§5b-7	Marslegion / 4. Legion
	§§7–8	D. Brutus
	§9	Gallien
	§10	Götter: Einige Indizien weisen darauf hin, dass die Götter den Kampf gegen Antonius befürworten
„Feldherrenrede": Ermutigung des Volkes	§§11–12a	Warnung vor der Gefahr, die von Antonius ausgeht
	§§12b-15	Appell an das Volk, dem Vorbild der Vorfahren zu folgen, die schon viele andere Feinde besiegt haben
	§16	Cicero erklärt seinen vollen Einsatz im Kampf gegen Antonius

2 Zunächst lobt Cicero das Volk für sein zahlreiches Erscheinen und bekundet seine uneingeschränkte Bereitschaft, sich für die Wiederherstellung der res publica einzusetzen. Als Basis seiner „Argumentation" stellt Cicero dann die (nicht zutreffende) Behauptung auf, der Senat habe Antonius zum Staatsfeind erklärt (§1).
Da seine eigentliche Argumentation (§§2–10) auf dieser falschen Prämisse fußt, ist sie keine echte und wäre insofern von vornherein angreifbar.
Cicero „argumentiert" somit nur, indem er den Widerstand einzelner Personen und Gruppen (s. o.) gegen Antonius als Reaktion auf den vermeintlichen Senatsbeschluss interpretiert.
Diese Personen und Gruppen wertet er stark auf, stellt insbesondere den Octavius geradezu als Lichtgestalt dar. Cicero verschweigt dabei geflissentlich,

dass Octavius jeglicher rechtlicher Grundlage für sein Verhalten entbehrt (Privatarmee; Handeln ohne Auftrag des Senats). Dasselbe gilt für die Legionen und die Provinz Gallien mit ihrem Statthalter D. Brutus, die sich rechtswidrig gegenüber Antonius als amtierendem Konsul verhalten haben.
Auch sich selbst stellt Cicero ins beste Licht als Retter des Staates.

Zu den Arbeitsaufträgen und Fragen zu den Begleittexten

Zu den Arbeitsaufträgen und Fragen zu BT1

Die berühmte Kennedy-Rede ist ein besonders geeignetes Beispiel moderner Rhetorik, da sie einerseits zu den Redeklassikern gehört und andererseits im Unterricht die Möglichkeit des fächerübergreifenden Arbeitens (Englisch, Geschichte) bietet.
Den Schülern kann auch die Übersetzung der Rede (s. u.) ausgehändigt werden. In Verbindung mit der Lektüre des Originals böte sich hier auch eine Gelegenheit, die Manipulationsgefahren, die mit dem (ausschließlichen) Gebrauch von Übersetzungen verbunden sind, zu thematisieren.

[1] John Fitzgerald Kennedy war der 35. Präsident der Vereinigten Staaten (1961–1963). Er wurde am 29. Mai 1917 geboren.
Während des 2. Weltkrieges war er Offizier in der US-Marine.
Nach dem Krieg trat Kennedy in die Demokratische Partei ein. 1960 wurde er – als Führer des liberalen Flügels der Demokratischen Partei – zum Präsidentschaftskandidaten nominiert.
Erstmalig in der Geschichte der Präsidentschaftswahlen wurde der Wahlkampf gegen den Kandidaten der Republikaner, Richard M. Nixon, im Fernsehen übertragen. Gewiss hat Kennedys selbstsicheres und energisches Auftreten in den Fernsehdebatten mit Nixon zu seinem (wenngleich knappen) Wahlsieg beigetragen.
Auf den Bau der Berliner Mauer reagierte Kennedy mit der Entsendung von 1 500 Soldaten nach Berlin.
Im Herbst 1963 begann Kennedy seinen Wahlkampf für die nächsten Präsidentschaftswahlen mit einer Reise durch das ganze Land. Am 22. November trafen ihn bei einem Besuch in Dallas (Texas) die tödlichen Schüsse eines Attentäters.

[2] 1963 kam Kennedy im Rahmen eines Europabesuches nach Berlin, wo er in der Rede (BT1) vor dem Schöneberger Rathaus seine Solidarität mit der geteilten Stadt bekundete und der Bundesrepublik Deutschland die Unterstützung der USA zusagte.

[3] Regierender Bürgermeister war Willy Brandt, Bundeskanzler Konrad Adenauer.

4 In der Einleitung (Z. 1–14) lobt Kennedy zunächst den Bürgermeister und den Bundeskanzler und drückt seinen Stolz darüber aus, die Stadt Berlin besuchen zu dürfen.
Dann spricht er seinen berühmten Satz „Ich bin ein Berliner!", den er als "in the world of freedom, the proudest boast" bezeichnet (Z. 18).
Alle Menschen, die dem Kommunismus, den er in den Gegensatz zur „Free World" stellt, etwas Positives abgewinnen, fordert Kennedy anschließend auf, nach Berlin zu kommen (Z. 20–28). Wenngleich Kennedy einräumt, dass auch Freiheit und Demokratie mit Problemen behaftet sind, so habe man es dennoch nie nötig gehabt, die Menschen durch das Errichten einer Mauer an ihrer Freizügigkeit zu hindern (Z. 29–31).
Im Namen der amerikanischen Bevölkerung drückt Kennedy seine Bewunderung über das entschlossene Durchhaltevermögen Westberlins aus (Z. 29–37).
Im Folgenden geht Kennedy auf die Mauer ein. Er wertet sie als ein Indiz für das Versagen des Kommunismus und ein Zeichen von Unmenschlichkeit (Z. 38–43). Er hält einen Frieden in Europa für unmöglich, solange ein Teil der Deutschen in ihren Grundrechten beschnitten ist (Z. 44–47).
Abschließend fordert Kennedy die Zuhörer auf, ihre Hoffnung auf die Zukunft mit einem wiedervereinigten Deutschland und einem geeinten Europa zu richten (Z. 47–62).

5

Stilmittel	Textbeleg	Zeile
Anapher	I am proud … I am proud	1, 5
Polysyndeton, Klimax	democracy and freedom and progress	8–9
Captatio benevolentiae	Mayor, who … Chancellor, who … General Clay, who	1–11
Allusio	moments of crisis	13
Vergleich Antithese Parallelismus	Two thousand years ago the proudest boast was "civis Romanus sum." Today, in the world of freedom, the proudest boast is "Ich bin ein Berliner."	15–18
Interjektion	I appreciate my interpreter translating my German!	19
Antithese	Free World … Communist	21
Anapher	There are … Let them come to Berlin … There are … Let them come to Berlin … There are … Let them come to Berlin … There are … Let them come to Berlin	19–28
Concessio	Freedom has many difficulties and democracy is not perfect	29

Zu den Arbeitsaufträgen und Fragen zu den Begleittexten

Alliteration	many miles	31–32
Hendiadyoin	many miles away on the other side of the Atlantic ... far distant from you	31–32
Polyptoton	distant ... distance	32, 34
Allusio	the story of the last eighteen years	34
Hendiadyoin	no town, no city	35
Polysyndeton	the vitality and the force and the hope and the determination	36
Pleonasmus	city of West Berlin	37
Parallelismus	an offense not only against history but an offense against humanity	40–41
Hendiadyoin	separating ... dividing	41, 42
Parallelismus	What is true of this city is true of Germany	44
Metapher	island of freedom	49–50
Antithese	island ... main	49, 50
Parallelismus Antithese	dangers of today to the hopes of tomorrow	51
Klimax	beyond the freedom merely of this city of Berlin, or your country of Germany, to the advance of freedom everywhere	52–53
Parallelismus Antithese	when one man is enslaved, all are not free	56
Klimax	when this city will be joined as one, and this country, and this great Continent of Europe, in a peaceful and hopeful globe	57–59

6️⃣ Genau wie bei Cicero zieht sich der Freiheitsgedanke durch die gesamte Rede Kennedys (Die Begriffe „freedom" und „free" treten 15-mal auf). Während Cicero die libertas mit der res publica gleichsetzt, besteht die Freiheit für Kennedy in der Demokratie. Den Gegensatz dazu stellt für Kennedy der Kommunismus dar, den er für den Inbegriff von Unfreiheit hält. Cicero hingegen sieht die Freiheit durch seinen Gegner Antonius bedroht.

Übersetzung von BT1
Rede von US-Präsident John F. Kennedy vor dem Schöneberger Rathaus in Berlin am 26. Juni 1963

Meine Berliner und Berlinerinnen!
Ich bin stolz, heute in Ihre Stadt zu kommen als Gast Ihres hervorragenden Regierenden Bürgermeisters, der in allen Teilen der Welt als Symbol für den Kampf und den Widerstandsgeist gilt. Ich bin stolz, auf dieser Reise die
5 Bundesrepublik Deutschland zusammen mit ihrem hervorragenden Herrn Bundeskanzler besucht zu haben, der während so langer Jahre die Politik bestimmt hat nach den Richtlinien der Demokratie, der Freiheit und des Fortschritts. Ich bin stolz darauf, heute in Ihre Stadt in der Gesellschaft eines amerikanischen Mitbürgers gekommen zu sein, General Clay, der hier tätig
10 war in der Zeit der schwersten Krise, durch die diese Stadt gegangen ist, und der wieder nach Berlin kommen wird, wenn es notwendig werden sollte.
Vor zweitausend Jahren war der stolzeste Satz, den ein Mensch sagen konnte, der: „Ich bin ein Bürger Roms!" Heute ist der stolzeste Satz, den jemand
15 in der freien Welt sagen kann: „Ich bin ein Berliner!" Wenn es in der Welt Menschen geben sollte, die nicht wissen, worum es heute in der Auseinandersetzung zwischen der freien Welt und dem Kommunismus geht, dann können wir ihnen nur sagen, sie sollen nach Berlin kommen. Es gibt Leute, die sagen, dem Kommunismus gehöre die Zukunft. Sie sollen nach Berlin
20 kommen! Und es gibt wieder andere in Europa und in anderen Teilen der Welt, die behaupten, man könne mit den Kommunisten zusammenarbeiten. Auch sie sollen nach Berlin kommen! Und es gibt auch einige wenige, die sagen, es treffe zwar zu, dass der Kommunismus ein böses und ein schlechtes System sei; aber er gestatte es ihnen, wirtschaftlichen Fortschritt zu erreichen.
25 Aber lasst auch sie nach Berlin kommen!
Ein Leben in der Freiheit ist nicht leicht, und die Demokratie ist nicht vollkommen. Aber wir hatten es nie nötig, eine Mauer aufzubauen, um unsere Leute bei uns zu halten und sie daran zu hindern, woanders hinzugehen. Ich möchte Ihnen im Namen der Bevölkerung der Vereinigten Staaten, die
30 viele Tausende Kilometer von Ihnen entfernt auf der anderen Seite des Atlantik lebt, sagen, dass meine amerikanischen Mitbürger sehr stolz darauf sind, mit Ihnen zusammen selbst aus der Entfernung die Geschichte der letzten 18 Jahre teilen zu können. Denn ich weiß nicht, dass jemals eine Stadt 18 Jahre lang belagert wurde und dennoch lebt mit ungebrochener Vita-
35 lität, mit unerschütterlicher Hoffnung, mit der gleichen Stärke und mit der gleichen Entschlossenheit wie heute Westberlin. Die Mauer ist die abscheulichste und die stärkste Demonstration für das Versagen des kommunistischen Systems. Die ganze Welt sieht dieses Eingeständnis des Versagens. Wir sind darüber keineswegs glücklich, denn, wie Ihr Regierender Bürger-
40 meister gesagt hat, die Mauer schlägt nicht nur der Geschichte ins Gesicht, sie schlägt der Menschlichkeit ins Gesicht. Durch die Mauer werden Familien getrennt, der Mann von der Frau, der Bruder von der Schwester, Menschen werden mit Gewalt auseinander gehalten, die zusammen leben wollen.

45 Was von Berlin gilt, gilt von Deutschland: Ein echter Friede in Europa kann nicht gewährleistet werden, solange jedem vierten Deutschen das Grundrecht einer freien Wahl vorenthalten wird. In 18 Jahren des Friedens und der erprobten Verlässlichkeit hat diese Generation der Deutschen sich das Recht verdient, frei zu sein, einschließlich des Rechtes, die Familien und die Natio-
50 nen in dauerhaftem Frieden wieder vereint zu sehen im guten Willen gegen jedermann.

Sie leben auf einer verteidigten Insel der Freiheit. Aber Ihr Leben ist mit dem des Festlandes verbunden, und deswegen fordere ich Sie zum Schluss auf, den Blick über die Gefahren des Heute hinweg auf die Hoffnung des Mor-
55 gen zu richten, über die Freiheit dieser Stadt Berlin, über die Freiheit Ihres Landes hinweg auf den Vormarsch der Freiheit überall in der Welt, über die Mauer hinweg, auf den Tag des Friedens in Gerechtigkeit. Die Freiheit ist unteilbar, und wenn auch nur einer versklavt ist, dann sind alle nicht frei. Aber wenn der Tag gekommen sein wird, an dem alle die Freiheit haben und Ihre
60 Stadt und Ihr Land wieder vereint sind, wenn Europa geeint ist und Bestandteil eines friedvollen und zu höchsten Hoffnungen berechtigten Erdteils, dann können Sie mit Befriedigung von sich sagen, dass die Berliner und diese Stadt Berlin 20 Jahre lang die Front gehalten haben. Alle freien Menschen, wo immer sie leben mögen, sind Bürger dieser Stadt Westberlin, und
65 deshalb bin ich als freier Mann stolz darauf sagen zu können: Ich bin ein Berliner!

(Quelle: Bulletin der Bundesregierung, 1963, Nr. 110)

Zu den Arbeitsaufträgen und Fragen zu BT2

[1] Kurt Tucholsky wurde am 9. Januar 1890 in Berlin geboren. Er war der Sohn eines jüdischen Fabrikanten und studierte in Berlin und Genf Jura. 1915 promovierte Tucholsky in Jena. Ab 1907 veröffentlichte er Rezensionen, Gedichte und Glossen. Tucholsky war zunächst Mitarbeiter der linksliberalen Zeitschrift „Schaubühne". Ab 1926 leitete er diese. 1926 ließ er sich in Schweden nieder. 1933 verlor er die deutsche Staatsbürgerschaft. Aus Verzweiflung über den Sieg des Nationalsozialismus nahm er sich am 21. Dezember 1935 in Hindas/Schweden das Leben. Tucholskys Bedeutung liegt vor allem in seiner Zeitkritik: seinem Kampf für Demokratie und Frieden sowie seiner Polemik gegen den Nationalsozialismus. Bekannt wurde seine satirisch-kabarettistische Kleinlyrik und seine Prosa mit dem Wortwitz der Umgangssprache und seinem typischen Berliner Humor.

Kurt Tucholsky gilt als einer der bedeutendsten deutschen Satiriker und Gesellschaftskritiker im ersten Drittel des 20. Jahrhunderts. Als Schriftsteller, Lyriker, Journalist schrieb er zum Beispiel unter den Pseudonymen: „Theobald Tiger, Ignaz Wrobel, Peter Panter, Kaspar Hauser".

[2] Mit dieser Aufgabe erhalten die Schüler die Gelegenheit, das Gelernte praktisch umzusetzen. Der unmittelbare Vergleich der Ergebnisse aus a) und b) lässt den Kontrast deutlich werden.

Anregungen

Im Rahmen der Beschäftigung mit dem Thema Rhetorik könnten weitere, vertiefende Arbeitsformen den Schülern die Bedeutung des gesprochenen Wortes veranschaulichen und deutlich machen, dass die Redekunst kein theoretisches Konstrukt ist, sondern dass wir ihr im Alltag ständig begegnen und sie selber anwenden.

Reden (z.B. Bundestagsreden) könnten dahingehend analysiert werden, dass sichtbar wird, welche reinen Sachinformationen nach Abzug der rhetorischen Mittel übrig bleiben, welchen Stellenwert also die Rhetorik einnimmt.

Auch die Sprache in der Werbung (Produktwerbung, Wahlwerbung) bietet sich besonders für die eingehende Untersuchung an, da die Texte in der Regel kurz sind und bei den Schülern großes Interesse wecken dürften, zumal sie einen besonderen Bezug zur täglichen Lebenswelt der Schüler haben.

Eine vergleichende Betrachtung von Radio- und Fernsehwerbung kann hierbei die unterschiedliche Gewichtung der auditiven und visuellen Wahrnehmung in verschiedenen Medien deutlich machen.

Lohnenswert ist ebenfalls die Untersuchung des Zusammenspiels von Rhetorik und dem Einsatz von Mimik, Gestik und Stimme. Die besondere Bedeutung, die diesen Elementen in der Rede zukommt, könnte beispielsweise dadurch veranschaulicht werden, dass ein kurzer Text in unterschiedlicher Weise vorgetragen wird (emotionslos ohne Mimik und Gestik, übertrieben gestikulierend, mit oder ohne Stimmmodulation, Komisches mit finsterer Miene, Trauriges heiter etc.).

Im Verfassen eigener Reden könnten die Schüler ihre theoretisch gewonnenen Kenntnisse der Redekunst zur praktischen Anwendung bringen.

Auch die Untersuchung des gesprochenen Wortes unter kommunikationspsychologischen Gesichtspunkten kann sich als sehr interessant und ergiebig erweisen. Empfehlenswert ist in diesem Zusammenhang die (auszugsweise) Lektüre der Werke von F. Schulz von Thun.

Hinweise zu einzelnen Abbildungen

M. Tullius Cicero (Titelbild)
Das Original ist wahrscheinlich bereits in den vierziger Jahren des 1. Jahrhunderts n. Chr. entstanden. Cicero wird hier in seinen letzten Lebensjahren dargestellt, wie sein schütteres Haar und sein offenbar altersbedingt volles Gesicht mit dem Doppelkinn zeigen. Ciceros hier dargestelltes Erscheinungsbild entspricht somit seinem Äußeren zum Zeitpunkt der Philippischen Reden.
Sein Gesichtsausdruck wirkt konzentriert angespannt. Der leicht geöffnete Mund vermittelt dem Betrachter den Eindruck einer Momentaufnahme und lässt die Erinnerung an den brillanten Redner wach werden.

„Arringatore" (S. 26)
Der „Arringatore" („der Redner") befindet sich im Archäologischen Museum in Florenz. Diese lebensgroße Bronzestatue von 1,79 m Höhe, die mit einer etruskischen Inschrift versehen ist, wurde 1566 im Gebiet des Trasimenischen Sees bei Arbeiten im Weinberg gefunden. Die Inschrift, die im Saum der Toga eingeritzt ist, enthält den ursprünglichen Namen Avle Metle, lateinisch Aulus Metellus, und weist ferner auf die gehobene soziale Stellung des Mannes hin. Es gab die unterschiedlichsten Spekulationen über die Identität der dargestellten Person. Letztlich aber zeugen Inschrift, Körperhaltung und Bekleidung lediglich von einer gehobenen sozialen Stellung des Mannes.
Die Bronzestatue wurde berühmt unter dem Namen „Arringatore", den ihm 1789 der Sprachforscher und Etruskologe L. Lanzi gab. Dieser Name kennzeichnet sehr treffend den Habitus der Statue: Erhobenen Hauptes mit strenger Miene steht der Arringatore da. Den rechten Arm hält er ausgestreckt und im Ellbogen gewinkelt: die typische römische Geste des silentium manu facere. Allein diese stolze Pose zeigt seine Autorität und weist ihn als Mitglied der Oberschicht aus. Seine Kleidung bestätigt diesen Eindruck. Sowohl Tunika als auch Toga sind mit aufwändigen Webornamenten verziert.
Der Arringatore ist auch deshalb von besonderer kunsthistorischer Bedeutung, weil er die führende Stellung in der Metallverarbeitung belegt, die die Etrusker im Mittelmeerraum innehatten. Da die Etrusker über große Eisen-, Zink- und Zinnvorkommen verfügten, hatte das Vorhandensein dieser Rohstoffe starken Einfluss auf die etruskische Bildhauerkunst. Im Gegensatz zu den Griechen stand den Etruskern kein hochwertiger Stein zur Verfügung. Deshalb waren Bronze und gebrannter Lehm die bevorzugten Materialien etruskischer Kunstwerke.

Octavius (La Alcudia, Mallorca) (S. 60)
Der 35 cm hohe Kopf stammt von einer Togastatue. Dies ist daran zu erkennen, dass der Hals zum Einsetzen in eine Statue gearbeitet ist. Darüber hinaus sind Teile des Mantels über den Hinterkopf gezogen.
Das Marmorbildnis zeigt den jungen Octavius. Es muss vor der Verleihung des Ehrentitels „Augustus" im Jahre 27 v. Chr. entstanden sein. Denn wäh-

rend die Gesichtszüge des Octavius auf älteren Münzbildnissen aus den Jahren 42–36 v. Chr. stark an seinen Adoptivvater Caesar angepasst sind, handelt es sich hier um den so genannten Actiumtypus, der frühestens 36 v. Chr. entstanden ist. Alle Abbildungen des Octavius auf Münzen, die anlässlich des Sieges in der Schlacht bei Actium (31 v. Chr.) geprägt wurden, weisen nun ähnliche, für Octavius typische Merkmale auf, die sein neues politisches Bestreben und seinen Herrschaftsanspruch widerspiegeln.

Der Kopf ist stark nach rechts gewandt, schräg geneigt und nach oben gedreht. An dem auffallend langen Hals – noch eine Ähnlichkeit mit den Cäsarbildnissen – ragt deutlich abgegrenzt der Adamsapfel heraus. Das Gesicht ist hager und nach unten spitz zulaufend; Kinn und Wangenknochen treten deutlich hervor.

Der recht kleine Mund steht im Kontrast zu der breiten und hohen Stirn. Die Haare wirken stark bewegt. Dieser Effekt wird dadurch hervorgerufen, dass die einzelnen Haarsträhnen scharf voneinander getrennt in die Stirn fallen, wobei die Lockensträhnen rechts der Stirnmitte nach rechts weisen, die anderen nach links. Oberhalb der Strähnen, die in die Stirn ragen, befinden sich weitere, scharf voneinander abgegrenzte Lockenschichten, die ebenfalls auf der rechten Seite nach rechts, auf der linken nach links ausgerichtet sind.

So werden durch die Dynamik der Frisur die Energie und der Tatendrang des Octavius zum Ausdruck gebracht.

Bei diesem Marmorkopf handelt es sich vermutlich um eine wirklichkeitsnahe Abbildung des Octavius. Denn einerseits gibt es bezüglich der Gesichtszüge keine Anpassung mehr an Cäsar, andererseits weist das Bildnis noch keine Idealisierungen auf, die die politische Vorrangstellung des Octavius zum Ausdruck bringen, wie es bei späteren Abbildungen (z.B. bei dem so genannten Primaportatypus) der Fall ist.

Münze mit dem Bild des Antonius (S. 62)

Die Goldmünze, die das Profil des Antonius zeigt, wurde 40 v. Chr. geprägt. Sie enthält folgende Inschrift:

M(arcus) • ANTONIUS • IMP(erator) • IIIVIR • R(ei) • P(ublicae) • C(onstituendae).

Im Jahr 43 v. Chr. hatten sich M. Antonius, C. Octavius und M. Aemilius Lepidus zum sog. 2. Triumvirat zusammengeschlossen. Durch die lex Titia in der Endphase der römischen Republik erhielten die Triumvirn nahezu diktatorische Vollmachten, um den Staat in seiner republikanischen Ordnung wiederherzustellen.

Charakteristisch für die Abbildung des Marcus Antonius ist sein markantes Profil mit der geraden, scharf herabgezogenen Nase.

Auf der Rückseite der Münze ist seine Ehefrau Octavia, die Schwester des Octavius abgebildet. Es ist das früheste Frauenportrait in der römischen Münzprägung.